LA
PAIX SOCIALE

par

M. J. COLOMBET

Expert-Comptable

Lauréat des Congrès-Concours mutualistes du Havre (1887),
et de Bordeaux (Septembre 1888).

PARIS

IMPRIMERIE SPÉCIALE DE L'*ECHO DE LA MUTUALITÉ*

168, Rue Saint-Denis. — E. COPOIX, Directeur.

(USINE A SOISSONS)

—

1888

LA PAIX SOCIALE

LA
PAIX SOCIALE

par

M. J. COLOMBET

EXPERT-COMPTABLE

*Lauréat des Congrès-Concours mutualistes du Havre (1887),
et de Bordeaux (Septembre 1888).*

PARIS

IMPRIMERIE SPÉCIALE DE L'ÉCHO DE LA MUTUALITÉ

188, Rue Saint-Denis. — E. COPOIX, Directeur.

(USINE A SOISSONS)

1888

PRÉFACE

En publiant cet ouvrage, nous avons l'intention de démontrer aux travailleurs qu'avec nos lois et nos institutions actuelles, il est possible pour eux d'améliorer très sensiblement leur situation morale et matérielle, ou tout au moins de s'affranchir de la misère sans avoir pour cela besoin de recourir à des moyens violents, à des révolutions qui étaient nécessaires quand nous étions privés des droits que nous possédons aujourd'hui.

Notre désir est aussi de prémunir, contre le danger qui les menace, certains travailleurs trop confiants, animés des meilleurs sentiments, qui se laissent trop facilement entraîner dans l'erreur par des théories qui flattent leurs aspirations, leurs goûts, mais qui les conduiraient à la ruine de leurs espérances si elles étaient pratiquées.

Leur sagesse doit les garantir contre les éléments de désorganisation sociale dont ils seraient les premières victimes.

Avec la façon de procéder que nous conseillons, la société entière pourrait être transformée dans un temps relativement court, sans secousses, sans violences, rien que par l'application raisonnée de nos institutions.

Nous avons, tous, les mêmes besoins de liberté, de bien-être et de progrès. Nous ne différons que sur les moyens de les satisfaire. Le travail qui suit a pour objet d'indiquer une des voies susceptibles de nous donner satisfaction. Que d'autres plus autorisés et plus expérimentés que nous daignent à leur tour éclairer la route, et de l'ensemble de nos travaux sortira peut-être la solution que nous cherchons : la paix morale, la paix matérielle, la paix sociale.

J. O.

Octobre 1888.

LA PAIX SOCIALE

LA

PAIX SOCIALE

L'Extinction du Paupérisme

Le paupérisme, ce fléau de l'humanité,
n'a pas d'histoire ; il a toujours existé à l'état
latent, on ne s'en est jamais occupé, on l'a
accepté comme une chose toute naturelle,
nécessaire même, et inhérente à notre espèce.
Les historiens ne nous ont généralement
entretenus que des grands, ils nous ont beaucoup parlé de la guerre, cette autre calamité,
sans jamais nous dire que derrière ces grands
et leurs armées il y avait, pour pourvoir à leurs
dépenses, des milliers d'hommes à l'état
d'esclaves, traités comme des instruments de
travail, abandonnés lorsque la maladie ou la
vieillesse les avaient usés, et ne différant de la

bête de somme que par un sentiment plus vif de leurs souffrances.

Quand on songe que plus des trois quarts des hommes ont vécu tant de siècles dans cette situation, on éprouve un profond étonnement mêlé de tristesse. Il y eut bien quelques tentatives d'émancipation qui échouèrent, notamment 80 ans environ avant Jésus-Christ, à Enna, en Sicile, où près de deux cent mille esclaves furent massacrés ou périrent misérablement dans une formidable insurrection réprimée par les Romains; puis, dans la Gaule, les *Bagaudies* (286 ans après Jésus-Christ) qui subirent le même sort. Plus tard encore, vers 1357, éclata une révolte populaire appelée la Jacquerie. Les paysans, alors, ne s'étaient soulevés que pour la vengeance: les souvenirs accumulés d'une oppression séculaire avaient rempli de fureur ces hommes incultes. Les Jacques, défaits et décimés, rentrèrent dans leur silencieux esclavage.

Ces insurrections de la classe pauvre ont été si éloignées les unes des autres qu'elles n'eurent pas d'influence et restèrent sans résultat. Ce n'est que beaucoup plus tard, qu'à l'occident de l'Europe se produisit le grand travail intellectuel d'où sont sortis les principes sur lesquels repose la société moderne. L'Allemagne et l'Angleterre y contribuèrent pour une large part, mais la France prépara et fit la révolution ; la séduction de son génie, la puissance de ses armes et sa générosité la placèrent à la tête de ce grand mouvement du genre humain.

Dès cette époque, la question sociale est posée. Le temps n'est plus où la classe opprimée n'avait pas même conscience de l'oppression et où le travail était la part des vilains, le commerce chose déshonorante, les arts manuels indignes d'un citoyen ; les droits de l'homme sont proclamés, l'égalité commence.

Alors s'imposent de nouveaux problèmes dont la solution est d'autant plus difficile que les esprits n'y sont pas encore préparés ; l'extinction du paupérisme est un des premiers et des plus considérables qui se présentent, il revêt toutes les formes et devient impérieux, il faut y satisfaire ; mais le progrès, qui n'est l'œuvre d'aucun homme, d'aucun pouvoir et qui n'apparaît dans l'histoire de la civilisation que comme le produit du travail du temps, ne s'improvise pas et il faudra encore bien des années pour trouver la formule cherchée. Des hommes éminents, aux conceptions hardies, comme Fourier, Saint-Simon et autres tentèrent de réorganiser la société sur des bases nouvelles, de la réformer complètement. Il n'y purent parvenir, parcequ'on ne refait pas les mœurs d'un peuple sans aucune transition et sans y avoir préalablement disposé les esprits. Puis aussi, parce que les modifications, qu'il avaient rêvées, étaient peut-être trop radicales, insuffisamment en rapport avec notre tempérament, nos besoins et notre caractère. Quoi qu'il en soit, ils explorèrent la route, et plantèrent des jalons que nous retrouvons aujourd'hui pour nous guider.

Le problème de l'extinction du paupérisme ne peut pas être résolu par un principe unique : cette plaie sociale ne peut disparaître que par la combinaison de plusieurs moyens dont les principaux sont : l'*Instruction*, l'*Association* et la *Prévoyance*.

Nous écartons d'une manière absolue la bienfaisance publique, la charité officielle, parce qu'à notre avis elle est impuissante, elle humilie ceux qui en sont l'objet, elle abaisse le caractère, engendre souvent la paresse et entretient la mendicité.

Le but à atteindre n'est pas tant de secourir les pauvres que de supprimer la pauvreté.

Nous croyons donc :

1o Que l'homme, pour soutenir avantageusement la lutte de la vie, doit posséder, en plus de ses qualités naturelles, deux choses indispensables : l'éducation et l'instruction. La première s'occupe de l'être moral, elle développe son activité extérieure, elle le façonne, lui donne des habitudes, une manière d'être, et crée ainsi ses mœurs ; la seconde lui procure, dans un temps relativement court, les connaissances que l'intelligence humaine a mis des siècles à conquérir et le dispose merveilleusement pour apporter à la Société, de laquelle il a tant reçu, sa part de travail et de progrès.

2o Que l'association volontaire, où chacun peut entrer et sortir librement, qui réunit les forces isolées, dont l'œuvre se prolonge indéfiniment, se perfectionne et s'augmente à travers la disparition successive de ses membres se renouvelant sans cesse, est le plus puissant moyen économique que les hommes ont à leur disposition. En s'associant dans la production, la consommation, l'épargne et le secours, ils éviteront de tomber dans la misère et la servitude.

3º Que l'assurance, qui est la pratique de la prévoyance, laquelle constitue elle-même l'expression de la sagesse, doit être la suprême ressource des déshérités de la fortune.

Ces trois principes, qui servent de base à notre système économique. étant établis, nous allons rechercher quelle influence leur application pourrait exercer sur la situation de la plupart des hommes pendant le cours de leur existence.

L'INSTRUCTION

L'éducation et l'instruction sont inséparables l'un de l'autre ; aussi les confondons-nous dans un seul principe et allons-nous voir comment on doit les distribuer et quelle action bienfaisante elles doivent avoir sur notre destinée.

La principale condition de bonheur pour l'homme, c'est la santé; sans elle il traîne une vie misérable, sa première nourriture est son point de départ; c'est de sa mère qu'il doit la tenir, c'est à elle seule qu'incombent ces soins si tendres, si précieux, et cette première éducation qui doivent nous donner des hommes forts et vigoureux dont l'intelligence et la valeur augmenteront la prospérité de leur pays.

La mortalité effrayante qui, en France particulièrement, frappe l'enfance, a pour cause principale le défaut de l'allaitement maternel. Nous aimons à croire que les mères ne se privent pas volontairement et sans y être contraintes par la nécessité, de cette douce joie qu'elles éprouveraient à recevoir les premières caresses de ces petits êtres qui leur sont si chers, de voir naître et grandir leur jeune intelligence et de guider leurs premiers pas. Elles doivent cette privation à la situation qui leur est faite par notre civilisation. Nos réformes doivent donc tendre à rendre la femme à ses véritables fonctions qui sont toutes intérieures. Par ses admirables qualités, elle doit être la providence du foyer, elle doit aider et faciliter à l'homme l'accomplissement de ses devoirs, donner l'exemple de toutes les vertus et préparer les générations nouvelles. Cette tâche est immense, ne l'en détournons pas, faisons que l'homme par l'organisation du travail puisse suffire aux besoins matériels de sa famille et rentrer ainsi dans l'harmonie de la nature.

Nous profitons de cette occasion pour nous occuper des enfants trouvés et assistés qui entrent dans la vie par une mauvaise porte et que la loi ne protège pas à l'égal des autres, ce qui est une injustice flagrante.

Les statisticiens établissent que la mortalité des enfants assistés est plus considérable, que leur santé est plus débile et leur moralité inférieure.

La mortalité et la débilité ont pour cause principale, ainsi que nous l'avons déjà dit, le défaut d'allaitement et de soins maternels et non l'origine même de ces pauvres enfants qui sont généralement issus de jeunes sujets dans toute la puissance de la jeunesse, de la force, de la santé, et procréés au moment de la vie où l'homme a le plus de vigueur.

Leur infériorité sous le rapport de la moralité est, pour la plupart, le résultat de l'éducation actuelle, du milieu et des conditions dans lesquels ces malheureux êtres sont placés.

Le mal et sa cause étant connus, il y a lieu de rechercher les moyens de les combattre efficacement.

D'abord nous voudrions l'abrogation de la loi qui interdit la recherche de la paternité, car si nous avions en France, comme en Angleterre et en Suisse, la faculté de rechercher le père d'un enfant naturel et de l'obliger à participer à son entretien, nous aurions certainement moins d'enfants abandonnés.

Ensuite ne serait-il pas possible de modifier le système de l'Assistance publique en supprimant les établissements hospitaliers spéciaux et en confiant aux mères l'éducation de leurs enfants, moyennant une subvention suffisante, ou en les plaçant dans d'honnêtes familles, qui s'engageraient à les élever comme leurs propres enfants, et pour lesquelles, au lieu d'être une charge, ils deviendraient une augmentation de ressources, grâce à l'indemnité qu'elles recevraient ?

Nous croyons que bien des mères conserveraient leurs enfants si on leur donnait pour les élever ce qu'on dépense pour eux ou par rapport à eux. Il faut remarquer que si beaucoup de mères abandonnent leurs enfants, c'est autant par honte que par misère, et souvent elles feraient des efforts, des sacrifices pour les conserver, si le mépris public ne les retenait pas. Aussi, dans l'intérêt même de notre pays, dont la population ne s'accroit pas dans les mêmes proportions que celles des autres nations, dans celui de l'humanité toute entière, nous ne saurions trop réclamer de notre société plus de charité, plus d'indulgence et plus de sympathie pour de pauvres femmes qui n'ont eu, le plus souvent, que le tort d'avoir trop de confiance dans les promesses de misérables qui tirent vanité de les avoir séduites, les abandonnent au moment où elles ont le plus besoin de leur appui en leur laissant à elles seules, les plus faibles, tout le poids de la faute qu'ils ont commise à deux. Nous devons donc réagir de toutes nos forces contre cette funeste tendance que nous avons de mépriser la maternité, toujours si admirable et si respectable, parce qu'elle s'est produite en dehors des lois rigoureuses de morale qui nous régissent.

Suivant nous, l'éducation des petits enfants doit être laissée à la mère ; c'est elle qui commence à former le jugement de ces jeunes êtres, c'est elle qui leur fait discerner le bien d'avec le mal, le bon du mauvais ; c'est elle qui dirige leurs premiers raisonnements, qui leur apprend l'obéissance et la résignation; elle assouplit et forme leur caractère dans la mesure du possible; c'est elle aussi qui commence à exercer leur mémoire en leur faisant apprendre des contes ou des fables et épeler les mots de la langue qu'il doivent parler; c'est déjà l'instruction mêlée à l'éducation.

Arrive ensuite l'école que la République aura la gloire éternelle d'avoir rendue obligatoire. Nos législateurs ont compris qu'un père de famille doit pourvoir à l'instruction de ses enfants comme à leur nourriture ; l'une est le complément de l'autre : la nourriture entretient la vie et produit les qualités physiques ; l'instruction donne le moyen de les utiliser en développant l'intelligence.

L'homme ne peut faire moins pour ses enfants que les animaux pour leurs petits, qu'ils n'abandonnent qu'après les avoir mis en état de se nourrir et de se défendre.

Quand l'enfant sera en classe, il devra suivre les cours élémentaires, moyens et supérieurs, selon son âge et ses aptitudes, conformément au programme officiel de l'Instruction publique. Nous voudrions voir l'instion religieuse, qui a été supprimée du programme, remplacée par des notions élémentaires de droit, de morale et d'hygiène.

La religion, qui procède plus du sentiment que du raisonnement, doit appartenir à l'éducation donnée et aux mœurs transmises par les soins de la famille ; toute empreinte de choses surnaturelles dont l'examen peut embarrasser une jeune intelligence, en présence de la science exacte, peut être considérée comme la partie poétique et imaginaire de l'existence humaine.

La connaissance du droit, au contraire, est absolument nécessaire pour nous bien diriger dans la société où nous vivons. A chaque instant nous nous trouvons en présence de la loi, que nous devons tous connaître et que nous ignorons le plus souvent ; de là bien des hésitations, des tâtonnements, des querelles et des procès qui seraient évités si nous savions tous la limite de nos droits et de nos devoirs.

La morale et le droit doivent être les guides de notre conduite.

L'enseignement des principes de l'hygiène

rendrait également d'immenses services pour la santé publique ; que d'erreurs elle ferait disparaître.

Nous voudrions de même voir remplacer les langues mortes par les langues vivantes, dans les études supérieures ; le latin et le grec sont des langues de luxe et ne servent guère aujourd'hui qu'à une certaine catégorie de savants, tandis que nous avons tous, grâce aux moyens de communication dont nous disposons aujourd'hui, besoin de connaître le langage de nos voisins anglais, allemands, italiens, etc., avec lesquels nous sommes appelés à avoir constamment des relations d'intérêt.

La sténographie devrait également être enseignée et vulgarisée dans le commerce et l'industrie. Nous ne comprenons même pas qu'en présence des nécessités toujours croissantes de rapidité et de promptitude dans les affaires, elle ne soit pas plus répandue. Sur ce point, nous sommes en arrière des Orientaux qui fixent leur pensée beaucoup plus rapidement que nous, à l'aide des caractères qu'ils emploient.

Bien des fois, en suivant des cours, nous

avons vivement regretté de n'avoir pas à notre disposition un moyen plus prompt de suivre le professeur dans ses démonstrations. L'idée d'appliquer la sténographie dans les relations ordinaires de la vie, qui nous avait été inspirée alors, s'est de nouveau manifestée à l'Exposition universelle de 1878 où nous eûmes l'occasion de dicter à un exposant turc quelques renseignements qu'il inscrivit en français d'abord, en turc ensuite. Notre dictée, écrite en français, remplissait toute une page de son carnet ; traduite en turc, elle n'occupait que le quart de la page suivante et avait demandé trois fois moins de temps pour l'écrire.

Lorsque le père de famille sera dans l'obligation de retirer son enfant de l'école un peu trop tôt pour satisfaire à des exigences matérielles, il devra le forcer à suivre des cours le soir, à fréquenter les bibliothèques, et à travailler, à ses moments perdus, pour augmenter son instruction.

Les progrès réalisés par la science ont transformé notre économie commerciale et industrielle, et si nous ne suivions pas le mouvement en avant, qui se produit actuellement dans tous les pays voisins, nous serions exposés à perdre la place que nous occupons dans la grande lutte de l'intelligence et du travail.

Les écoles professionnelles sont particulièrement appelées à nous aider à vaincre les difficultés de la concurrence étrangère si elles sont bien comprises, c'est-à-dire, si l'on en fait des *ateliers-écoles* où les enfants pourraient s'exercer à un travail manuel pendant la plus grande partie de la journée et travailler à perfectionner leur instruction dans le temps qui leur resterait. Afin de mieux passer de la théorie à la pratique, ces *ateliers-écoles* seraient alimentés par des travaux à l'entreprise dont le produit servirait à couvrir tout ou partie des frais de l'établissement et à gratifier les enfants, de manière à stimuler leur zèle et leur activité.

La Compagnie des Chemins de fer du Nord a institué, depuis plusieurs années, une école professionnelle qui peut servir de type.

L'enseignement y est gratuit.

Aucun enfant n'y est admis avant 12 ans ni après 16 ans.

L'entrée de l'école a lieu à 7 heures du matin, et la sortie, à 5 heures du soir. Les élèves doivent apporter leur repas de midi

Des récompenses sont attribuées, chaque année, aux apprentis qui se sont le plus distingués par leur travail et leur conduite.

Ceux qui exécutent des pièces utilisables reçoivent un salaire qui est augmenté au fur et à mesure des progrès qu'ils font.

La durée de l'apprentissage est de 3 ans.

La journée comprend 4 heures de classe et 5 heures d'atelier.

L'enseignement dans les classes comprend : la langue française, l'histoire, la géographie, les mathématiques, la chimie, la physique, la technologie et le dessin.

L'enseignement à l'atelier comprend : l'ajustage, les travaux de tour, l'exécution de pièces de machines et d'outils, le montage, etc., etc.

Quantité d'élèves, en sortant de cette école, ont trouvé à gagner de suite 5 à 6 fr. par jour.

L'apprentissage, combiné avec l'instruction, a l'immense avantage de permettre à l'enfant d'appliquer immédiatement, aux travaux de la profession qu'il a choisie, les sciences et les arts qu'il a acquis; de développer son goût pour son état et les connaissances qui s'y rattachent, de lui procurer une instruction solide, spéciale et technique, qui le rendra supérieur dans son métier, au lieu d'en faire un déclassé.

Les écoles professionnelles sont également appelées à exercer une influence considérable sur la moralité des enfants qui échapperont aux mœurs de l'atelier où ils ont quelquefois des exemples fâcheux auxquels il est bon de les soustraire.

Nous savons tous que les ouvriers s'entraînent les uns les autres, que les jours de paie, beaucoup vont chez le marchand de vin, pour régler leurs comptes de la semaine et trinquer avant de se séparer; qu'ils rentrent quelquefois en état d'ivresse, et que la plus grande partie de leur argent a été dissipée au détriment de leur famille.

L'enfant, à l'atelier, ayant sous les yeux

ces tristes exemples, se trouve fatalement conduit à les imiter.

Nous avons vu des ouvriers prendre plaisir à griser de pauvres petits apprentis, les conduire dans des lieux de prostitution et empoisonner de cette façon le corps et l'esprit de ces malheureux enfants. L'école professionnelle les soustrairait à cette funeste éducation qui a une si grande influence sur leur destinée.

Il ne faudrait pas inférer de ce tableau, forcé à dessein, que nous n'avons que du mépris pour ceux des ouvriers qui se conduisent ainsi que nous venons de le dire. Non ! ce n'est pas à eux seuls, que nous aimons, dont nous voulons l'émancipation, que nous faisons remonter ces vices que nous signalons : c'est à l'éducation qu'ils ont reçue, c'est aux mœurs qu'on leur a transmises et qu'il faut, avant tout, absolument réformer. La classe ouvrière est accessible aux grandes choses, elle a souvent accompli des actes sublimes de dévouement, de courage et d'abnégation ; elle possède les qualités essentielles du cœur et de l'esprit, et, quand il lui sera démontré que cette manière de vivre est contraire à ses intérêts, elle le

comprendra et se modifiera bien certainement.

Lorsqu'un jeune homme sort de l'école
pour embrasser une profession, il lui reste
encore beaucoup de choses à apprendre. S'il
se destine à une haute carrière, il complètera
son instruction dans des établissements
spéciaux ; mais si, au contraire, il prend un
état manuel, ses études seront arrêtées et il
sera en outre exposé à oublier ce qu'il a appris
Pour obvier à ce grave inconvénient, il faut
multiplier les cours du soir, les bibliothèques,
les conférences, de manière à élever le niveau
d'instruction de ceux qui sont restés en
arrière et à les préserver, en même temps, de
la fréquentation des cabarets où les hommes
se démoralisent et s'abêtissent.

La loi du 21 mars 1884, en instituant les
syndicats professionnels, a donné, à tous les
travailleurs, outre les moyens de se réunir
et de se concerter pour leurs intérêts corpora-
tifs, la faculté de compléter leur instruction
professionnelle par des conférences et des
cours pratiques et techniques où ils pourront
acquérir des connaissances qui leur permet-

tront de se perfectionner dans leur métier et par suite d'améliorer leur situation.

Malheureusement, beaucoup de syndicats ouvriers n'ont pas bien compris tout le parti qu'ils peuvent tirer de cette loi. L'éducation sociale de certains de leurs membres, qui laisse trop à désirer, de même que l'esprit de défiance et de jalousie de certains autres, empêchent les progrès de ces institutions. La politique, qui devrait en être exclue, y tient peut-être une place trop considérable et occasionne souvent les divisions qui s'y produisent.

Les questions politiques, auxquelles tout le monde, aujourd'hui, doit prendre une part active, peuvent être discutées et étudiées dans d'autres groupes, spécialement formés à cet effet, en dehors des syndicats tout particulièrement chargés des intérêts professionnels.

Les syndicats d'ouvriers feraient bien d'imiter les syndicats de patrons, qui fonctionnent parfaitement et rendent d'incontestables services à leurs corporations. Aussi, notre dernier mot aux ouvriers est celui-ci : instruisez-vous.

En indiquant l'éducation et l'instruction

comme le premier moyen à employer pour éteindre le paupérisme, nous avons pris l'homme à sa naissance pour le conduire jusqu'au moment où il entre en possession de lui-même et prend une place active dans la société humaine. Nous allons maintenant voir comment, avec l'aide du deuxième moyen, l'*Association*, il lui sera possible d'améliorer sa situation pendant sa laborieuse carrière.

L'ASSOCIATION

Le développement des associations doit être en raison directe du développement de la société.

L'association unit les forces individuelles de l'homme, elle les coordonne et les fait converger vers un même but ; elle multiplie leur puissance et accomplit des prodiges dont l'individu isolé peut à peine concevoir la possibilité ; elle rend plus faciles les relations des hommes entre eux, elle détermine une meilleure répartition des charges et des avantages sociaux, elle tend à détruire l'antagonisme qui existe encore trop malheureusement entre les différentes classes de la société. Les bienfaits de l'association étendue aux diverses sphères de l'activité humaine sont bien évidentes ; aussi verrons-nous les applications de ce principe, si fécond et si puissant, se multiplier et se généraliser de plus en plus.

Les associations affectent différentes formes et peuvent se diviser en deux classes, suivant que les individus qui s'associent ont pour objet la satisfaction d'un besoin moral ou qu'ils ont uniquement en vue un intérêt matériel. Ces deux classes se subdivisent encore : Ainsi, la première comprend les associations qui ont pour objet le progrès des lettres, de l'instruction, des arts, des sciences, de l'industrie, de l'agriculture et du commerce, les syndicats professionnels, les associations religieuses, les associations de bienfaisance et les autres de même espèce; la seconde, les Sociétés industrielles, commerciales et financières qui sont créées en vue d'un gain ou d'un bénéfice quelconque ; les Sociétés coopératives de production, de consommation et de crédit, les Sociétés de secours mutuels et de retraites de tous genres.

Ce sont les associations de cette dernière classe se rattachant plus particulièrement à notre système et devant exercer une action plus directe sur le sort des pauvres que nous allons examiner, afin de voir quelle peut-être leur influence dans la solution du problème qui nous occupe.

Les associations coopératives qui se sont, depuis quelques années, considérablement développées en Angleterre et en Allemagne. et qui commencent à s'acclimater en France, ont trois formes distinctes : la consommation, le crédit et la production.

En Angleterre, ce sont les sociétés de *consommation* qui dominent; en Allemagne, celles de *crédit*, et en France, celles de *production*. Ces tendances diverses ont leur raison d'être dans la situation respective de chaque pays. Ainsi, en Angleterre, où la fortune se trouve agglomérée dans de grandes industries, les ouvriers, n'ayant pas l'espoir de produire pour leur compte et de gagner plus, ne cherchent qu'à dépenser moins en achetant à meilleur marché les objets de *consommation*; en Allemagne, où l'argent manque généralement, en recherche le *crédit* : en France, pays riche, où la fortune est divisée, on recherche avant tout l'indépendance qu'on peut obtenir par la *production*. Pourtant la *consommation*, le *crédit* et la *production* sont également nécessaires pour améliorer la position des classes laborieuses. Il faut donc pratiquer l'association sous ces trois formes pour atteindre le but proposé.

Les associations de consommation ont pour objet principal de procurer à leurs membres la vie à meilleur marché. Les seules qui ont obtenu ce résultat et qui ont prospéré le doivent à l'observation des règles suivantes :

1o La suppression absolue du crédit. Acheter et vendre expressément au comptant.

2o Le paiement de l'intérêt au capital engagé et la répartition des bénéfices au marc le franc des achats de chaque associé.

3o La plus grande probité dans les transactions commerciales et la vente des produits.

C'est à l'aide de ces moyens que la Société, *les Equitables pionniers de Rochdale,* qui est, incontestablement la première du genre, a pu obtenir des résultats considérables.

Nous avons en France des sociétés de consommation qui ne vendent qu'à leurs associés, elles sont civiles ; d'autres qui vendent en même temps à leurs associés et aux étrangers.

Ces dernières, faisant acte de commerce, doivent être constituées en sociétés anonymes, conformément aux articles 29 et suivants du Code de commerce, lesquels exigent la publication de leurs statuts, la constitution d'un capital formé au moment de leur création, et un nombre d'associés déterminé, conditions difficiles pour des sociétés coopératives dont le propre est de se constituer avec un capital variable et un personnel mobile et indéterminé. C'est donc, jusqu'à ce que la législation sur la matière soit révisée, à celles qui empruntent la forme civile, que nous devons donner la préférence.

Si nous avions à fonder une société de consommation, voici comment nous en rédigerions les statuts :

TITRE PREMIER

But de la Société

ARTICLE PREMIER

Il est formé, entre toutes les personnes qui adhèreront aux présents statuts par une prise d'action, une société civile de consommation ayant pour but de procurer, à ses adhérents seulement, aux meilleures conditions possibles de prix et de qualité, les objets de toute nature en usage dans la vie.

Dénomination de la Société

ARTICLE II

La Société prend la dénomination de ....

Durée de la Société

ARTICLE III

La durée de la Société est fixée à trente ans ; elle pourra être renouvelée indéfiniment par périodes de trente ans, sous réserve des conditions déterminées par l'article 53 des présents statuts. Conformément à l'article 1868 du Code civil, le décès d'un sociétaire n'entraînera pas la dissolution de la Société.

Siège social

ARTICLE IV

Le siège de la Société est fixé à ....

TITRE II

Opérations de la Société

ARTICLE V

La Société achète en gros ou reçoit en consignation dans ses magasins tous produits ou marchandises, qu'elle cède à ses associés, au prix de revient augmenté des frais généraux, représentés par un tant pour cent fixé par le Conseil d'administration.

Elle achète ou bâtit des immeubles qu'elle cède ou loue à ses associés dans les mêmes conditions.

ARTICLE VI

La Société fait toutes ses opérations expressément au comptant. Pour ses acquisitions, elle se réserve la faculté de profiter des avantages du comptant commercial.

Tout sociétaire aura la latitude de verser des acomptes sur ses consommations futures. Les versements ne pourront être moindres de 2 francs, ni excéder 200 francs dans leur ensemble.

Le retrait en espèces de ces versements pourra être autorisé par décision du Conseil d'administration.

TITRE III

Capital social

ARTICLE VII

Le capital est formé par le montant des actions souscrites. Il peut être augmenté indéfiniment par l'admission de nouveaux sociétaires ou diminué par le retrait des actions effectué dans les conditions de l'article 14.

Conformément à l'article 1845 du Code civil, chaque associé est responsable envers la Société du montant des actions souscrites par lui.

ARTICLE VIII

Les actions sont de cinquante francs et nominatives. Elles ne pourront être négociées que par voie de transfert sur les registres de la Société. Un sociétaire ne pourra posséder plus de quatre actions.

Ces actions seront numérotées suivant l'ordre naturel des nombres, détachées d'un livre à souche, cotées et paraphées par première et dernière par le Président et deux membres du Conseil. Le Conseil constatera le fait dans son procès-verbal.

ARTICLE IX

Le capital fourni par les actions reçoit un intérêt de 5 0/0 imputé sur les frais généraux et payable par semestres dans le mois qui suivra l'assemblée générale.

5

Versements

ARTICLE X

Avant de pouvoir participer aux avantages de la Société, il faut avoir accompli un premier versement de 5 francs, en une ou plusieurs fois, au gré des souscripteurs. La moindre est de 1 franc. Le complément du montant des actions sera versé par le sociétaire dans l'année qui suivra le jour de son admission au droit de consommation.

A chaque versement fait par les souscripteurs, il est délivré un reçu provisoire signé par l'agent principal. Aucun titre définitif ne sera délivré qu'en échange de ces reçus.

Les reçus provisoires seront détachés d'un registre à souche portant, à l'endroit de la coupure, une série de chiffres pouvant, par leur combinaison arithmétique, représenter toutes les sommes depuis 1 franc jusqu'à 200 francs. A chacun de ces reçus restent adhérents un ou plusieurs de ces chiffres, de manière que leurs sommes additionnées reproduisent exactement le montant de la somme versée (1).

Le registre d'où seront tirés ces reçus sera visé et paraphé dans les mêmes conditions que celui des actions.

Quand les versements seront faits par fractions, l'intérêt ne sera dû que lorsqu'ils auront atteint la somme de 25 francs.

ARTICLE XI

Pour être admis comme sociétaire, il faut être âgé de vingt-et-un ans au moins et avoir une bonne moralité.

Pourront faire partie de la Société, les femmes dûment autorisées par leurs maris, ou jouissant de leurs droits civils.

En entrant dans la Société, chaque adhérent contracte l'obligation morale de faire tous ses efforts pour son développement et sa prospérité.

(1) Système employé par l'administration des Postes pour ses mandats.

ARTICLE XII

Les demandes d'actions ou de transferts seront adressées au Conseil d'administration; elles seront affichées pendant quinze jours au siège de la Société, sur un tableau à ce destiné.

ARTICLE XIII

Le Conseil, après avoir recueilli sur le compte de chaque postulant tous les renseignements propres à éclairer sa religion, statuera sur son admission.

Retraits

ARTICLE XIV

Le sociétaire qui, pour un motif quelconque, voudra se retirer, pourra exiger le remboursement de ses actions, en tant qu'elles n'auront pas été entamées par des pertes.

Le remboursement sera opéré dans un délai de *six mois*, sans intérêts, à partir du jour de la demande de retrait.

En cas de décès d'un sociétaire, les héritiers ou ayants-droit seront remboursés dans le même délai.

Il leur sera tenu compte des intérêts jusqu'au jour du remboursement et de la part du capital de réserve afférente au montant des dépenses inscrites sur les livres, et de celle afférente au capital actions, conformément au deuxième paragraphe de l'article 48.

Toutefois, ils n'auront droit au paiement de ce dividende qu'à la plus prochaine liquidation, et dans les formes et conditions fixées à l'article précité.

Ils ne peuvent, en aucun cas, provoquer l'apposition des scellés sur les biens et valeurs de la Société, en demander le partage ou la licitation, ni s'immiscer en aucune manière dans son administration ; ils sont tenus de s'en rapporter aux inventaires arrêtés par le Conseil et de se faire représenter auprès de la Société par un seul et même mandataire.

Par dérogation aux dispositions qui précèdent, aucune action ne pourra être retirée pendant la période de fondation, fixée à deux ans à partir du jour de la constitution de la Société.

ARTICLE XV

Pourra être exclu de la Société tout membre qui se sera rendu coupable d'actes d'improbité et d'indélicatesse ou de nature à porter préjudice aux intérêts et à la considération de la Société. Toute dénonciation d'un de ses actes ne sera admise qu'autant qu'elle sera écrite et signée.

Le Conseil d'administration pourra prononcer l'exclusion après avoir provoqué les explications du sociétaire. Cette décision devra être prise par les trois quarts au moins des membres composant le Conseil. L'exclu ne pourra en appeler devant l'assemblée générale suivante, qu'autant qu'il en aura prévenu le président du Conseil quinze jours avant l'assemblée, où il devra se présenter en personne, avec la faculté de se faire assister d'un conseil. L'exclusion ne pourra être maintenue par cette assemblée qu'à la majorité des deux tiers des membres présents.

Le sociétaire exclu aura droit au remboursement immédiat et intégral du montant de ses versements, sans intérêts du jour de l'exclusion. Il perdra tout droit au partage du capital de réserve.

Dans le cas où sa conduite aurait causé un préjudice matériel à la Société, tout ou partie de ses droits en répondraient.

TITRE IV.

Conseil d'Administration

ARTICLE XVI

La Société est administrée par un Conseil de douze membres au moins. Leurs fonctions sont gratuites. Ils sont nommés par l'assemblée générale, à la majorité relative, et choisis parmi les sociétaires. La durée de leurs fonctions est de dix-huit mois.

ARTICLE XVII

A la première réunion du Conseil, ils choisissent parmi eux, à la majorité des voix :

un Président, un Vice-Président, un Trésorier
et un Secrétaire.

ARTICLE XVIII

Le Conseil sera renouvelé par tiers, de
semestre en semestre. Pour les deux premiers
semestres, les membres sortants sont désignés
par le sort; ils sont rééligibles.

ARTICLE XIX

Si un membre du Conseil cesse ses fonctions avant l'expiration de ses pouvoirs, le
Conseil se complétera provisoirement, comme
il l'entendra, et l'Assemblée générale qui
suivra procèdera à l'élection définitive, soit
en approuvant le choix du conseil, soit en
présentant par le vote un nouveau membre.

Le conseiller ainsi élu sera remplacé à
l'époque où l'aurait été son prédécesseur.

ARTICLE XX

Pour délibérer valablement, la moitié plus
un des membres du Conseil doivent être
présents. Les délibérations sont prises à la

majorité ; en cas de partage, la voix du Président est prépondérante.

En l'absence du Président ou du Vice-Président, le Conseil est présidé par le plus âgé des membres présents.

ARTICLE XXI

Tout membre qui aura manqué d'assister aux réunions du Conseil sans faire parvenir, dans les quarante-huit heures qui suivront, une excuse reconnue valable, sera passible d'une amende de deux francs. Après trois absences consécutives, toujours sans excuse, il sera considéré comme démissionnaire de ses fonctions.

Le produit des amendes est versé au fonds de réserve.

ARTICLE XXII

Le règlement arrêté par le Conseil déterminera les jours, mode et heure de ses délibérations.

ARTICLE XXIII

Les procès verbaux des réunions du Conseil seront conservés et reliés ensemble.

6

ARTICLE XXIV

Au Conseil d'administration seul appar.
tient le droit d'administrer les affaires de la
Société. A cet effet, il autorise tous les achats ;
il détermine l'emploi des fonds, il peut
traiter, transiger ; il peut aussi déléguer tout
ou partie de ses pouvoirs, mais cette délégation ne pourra en aucun cas être périodique
ni permanente, ni s'étendre à une suite
d'opérations complètes, fussent-elles de même
nature ; elle devra être renouvelée spécialement pour chaque cas déterminé.

Les membres du Conseil ne contractent,
à raison de leur gestion, aucune obligation
personnelle ni solidaire ; ils ne répondent
que de leur mandat.

ARTICLE XXV

Le Trésorier de la Société est spécialement
chargé de la Caisse avec l'aide de l'agent
principal. Il ne fera aucune opération sans
y être autorisé par le Conseil d'administration
ou par le délégué de service.

Les fonds disponibles seront toujours

versés, dans le plus bref délai, en compte-
courant au nom de la Société, dans un
établissement désigné à cet effet par l'As
semblée générale.

Le retrait de tout ou partie de ces fonds
sera fait au moyen d'un chèque tiré d'un
registre à souches, signé du Trésorier et visé
par le Président ou le Vice-Président du
Conseil d'administration.

ARTICLE XXVI

Le Conseil désignera chaque mois, à tour
de rôle, deux de ses membres chargés de
le représenter pendant tout le mois qui
suivra, dans ses rapports avec l'Agent principal, le Trésorier et généralement tous les
sociétaires.

Toutefois, quand il y aura urgence, ils
pourront faire convoquer le Conseil d'administration en réunion générale. Ne pourront
faire partie de cette délégation les membres
du bureau.

L'un de ces délégués sera spécialement
chargé du contrôle des écritures du mois
courant et de faire un rapport écrit, qui sera

déposé sur le bureau à la première séance
du Conseil qui suivra le mois de sa délégation.

ARTICLE XXVII

Tout délégué qui manquerait à son
mandat sera passible d'une amende dont
l'importance sera fixée par le Conseil.

ARTICLE XXVIII

En cas d'urgence et dans l'intérêt de la
prospérité de la Société, le Conseil aura le
droit de prendre toutes décisions qui, pour
devenir définitives, auront besoin d'être
ratifiées par l'Assemblée générale.

Agence

ARTICLE XXIX

L'Assemblée générale nommera, sur la
proposition du Conseil d'administration, un
sociétaire qui sera rétribué et qui prendra
le titre d'Agent principal. Nommé par l'Assemblée générale, il n'est révocable que par
elle. Mais le Conseil peut provoquer sa

révocation, même le suspendre° jusqu'à la première Assemblée ; il ne pourra occuper aucun autre emploi. Sa rémunération sera fixée par l'Assemblée générale, sur la proposition du Conseil.

ARTICLE XXX

L'Agent principal sera chargé, sous sa responsabilité personnelle, de l'exécution de tous les actes administratifs ; il fera ou fera faire tous les achats prescrits par le Conseil.

Il ne devra jamais faire aucune opération sans y être autorisé par le Conseil ou par l'un des délégués de service.

ARTICLE XXXI

L'Agent principal assistera aux délibérations du Conseil ; il y aura voix consultative seulement.

L'Agent principal sera tenu de dresser à la fin de chaque mois la situation véritable des recettes et des dépenses de la Société, et de la déposer sur le bureau, à la première réunion du Conseil qui suivra.

Il devra également déférer à toutes les

réquisitions des membres délégués par le
Conseil, conformément à l'article vingt-six,
et leur soumettre les livres et la caisse
toutes les fois qu'ils le jugeront convenable.

ARTICLE XXXII

En cas d'empêchement motivé de l'Agent
principal il sera remplacé provisoirement
dans ses fonctions par une personne choisie
par le Conseil; de préférence, parmi les
sociétaires, et la plus prochaine Assemblée
générale statuera définitivement.

ARTICLE XXXIII

L'Agent principal étant responsable de
la bonne exécution des ordres qu'il reçoit,
les employés de l'Administration ne seront
nommés et révoqués par le Conseil que sur
sa proposition.

ARTICLE XXXIV

Toutes actions judiciaires seront suivies
par l'Agent principal ou contre lui, sous la
surveillance et le contrôle du Conseil
d'administration, qui nommera à cet effet
un Conseil judiciaire.

TITRE V.

Assemblées générales

ARTICLE XXXV

Les membres de la Société se réuniront en Assemblée générale deux fois par année, en Février et en Août.

Les sociétaires pourront être réunis en Assemblée générale toutes les fois que le Conseil d'administration jugera cette mesure nécessaire.

ARTICLE XXXVI

Les lettres de convocation devront être adressées huit jours au moins avant l'époque indiquée pour la réunion ; elles devront mentionner les matières qui feront l'objet de la délibération.

ARTICLE XXXVII

A chaque Assemblée générale, le Conseil d'administration soumettra les comptes du semestre écoulé à l'approbation des membres de la Société; il fera un rapport sur la situation générale.

A partir du jour de la convocation, tout sociétaire pourra consulter les comptes au Siège social.

ARTICLE XXXVIII

L'Assemblée générale sera présidée par le président ou le vice-président du Conseil d'administration et, à leur défaut, par le plus âgé des membres du Conseil.

La police de l'Assemblée appartient au Président. Tout membre de la Société est tenu de déférer à ses injonctions.

ARTICLE XXXIX

Toute proposition étrangère à l'ordre du jour devra être rédigée par écrit et déposée sur le bureau; le Président en donnera connaissance à l'Assemblée.

ARTICLE XL

Toute proposition tendant à modifier les statuts devra être déposée, huit jours au moins

à l'avance, entre les mains du Conseil qui
en rendra compte à l'Assemblée générale.

ARTICLE XLI

Tout associé ayant droit d'assister à
l'Assemblée générale, conformément à l'article trente-cinq, y sera reçu sur la présentation de son titre et de sa lettre de
convocation. Celle-ci sera signée et déposée
par lui à l'entrée.

ARTICLE XLII

Tout associé ayant droit d'assister à l'Assemblée générale pourra s'y faire représenter
par un mandataire associé lui-même et porteur d'un pouvoir spécial qui devra être également déposé à l'entrée. Un même sociétaire
ne pourra représenter plus de cinq membres.

ARTICLE XLIII

Chaque associé n'a droit qu'à une seule
voix dans les Assemblées générales, quel que
soit le nombre de ses actions.

Les mandataires des membres absents
n'auront droit qu'à une seule voix en sus de

la leur, quelque soit le nombre des sociétaires qu'ils représentent.

ARTICLE XLIV

Les décisions de l'Assemblée générale sont prises à la majorité des voix : en cas de partage, la voix du Président est prépondérante.

ARTICLE XLV

L'Assemblée générale, pour se constituer, devra représenter au moins le cinquième du capital.

ARTICLE XLVI

Si les conditions mentionnées à l'article 45 ne sont pas remplies au jour indiqué, l'Assemblée sera ajournée à quinzaine et une nouvelle convocation sera faite dans les huit jours qui suivront. Cette seconde Assemblée se constituera régulièrement, quel que soit le capital représenté.

ARTICLE XLVII

L'Assemblée générale, régulièrement constituée, représente l'universalité des sociétaires; ses décisions engagent tous les associés sans exception, présents ou absents.

TITRE VI.

Frais généraux.

ARTICLE XLVIII

Pour couvrir les frais généraux, les marchandises seront grevées d'une somme qui sera évaluée par le conseil d'administration.

Le cinquième des économies réalisées sur les frais généraux pourra, sur décision de l'Assemblée générale, être réparti, à chaque exercice entre les sociétaires, de la manière suivante : Un quart au capital-actions, suivant l'importance et la durée des versements effectués par chaque actionnaire ; trois quarts aux consommateurs, au prorata de leurs dépenses respectives, le dernier titulaire d'une action cumulant les droits de tous ceux qui l'ont précédé.

Afin de constater ces dépenses, il sera délivré au consommateur une facture détachée
d'un registre à souche numéroté, suivant
l'ordre naturel des nombres et, tous les ans,
au moment où l'Actionnaire viendra toucher
son semestre d'intérêts de février, le montant
des dépenses constatées par ses factures, qu'il
devra rapporter à cet effet, et par le registre
à souche, sera porté sur la dite souche et au
bas de son action ou de ses actions, par parts
égales entre elles.

Ces inscriptions ne seront valables qu'autant qu'elles seront accompagnées du timbre
de la Société.

Les factures rapportées au Siège social,
ainsi que les inscriptions portées au bas des
actions et revêtues du timbre de la Société,
serviront seules à l'établissement du compte
de chaque consommateur, pour la répartition
du fonds de réserve.

En cas de perte de ces factures, le Sociétaire aura la faculté d'en faire faire les dupli-
catas à ses frais, à raison de cinq centimes
par facture.

Fonds de réserve

ARTICLE XLIX

Le fonds de réserve a pour but d'aider au développement des opérations de la Société, soit par la création d'établissements destinés à abaisser le prix de revient des objets de consommation, soit par l'achat ou la construction d'immeubles qui seront cédés ou loués aux Sociétaires.

ARTICLE L

Le fonds de réserve se compose:

1° Des quatre cinquièmes des économies faites sur les frais généraux dont la marchandise aura été grevée à son entrée;

2° Du cinquième restant, si l'Assemblée générale n'en a pas disposé autrement;

3° Des dons, legs et abandons faits au profit de la Société;

4° Du produit des amendes encourues par les administrateurs.

ARTICLE LI

Le Conseil d'administration proposera à

chaque Assemblée générale, qui en décidera,
l'emploi à faire du fonds de réserve.

TITRE VII.

Dissolution, Liquidation et Répartition du fonds de réserve

ARTICLE LII

La dissolution de la Société aura lieu de plein droit au terme fixé par l'article 3. Avant ce terme, elle ne pourra avoir lieu que par la volonté des Sociétaires présents à l'Assemblée générale convoquée spécialement à cet effet un mois à l'avance. Cette dissolution ne pourra être décidée qu'autant qu'elle aura été votée à la majorité des trois quarts plus un de tous les Membres de la Société. Aucun Sociétaire ne pourra se faire représenter à cette Assemblée.

Liquidation

ARTICLE LIII

La liquidation qui aura lieu dans les cas

prévus par l'article 52 s'effectuera de la manière suivante :

1° Dans le premier cas, l'actif qui restera disponible après l'acquit de toutes les dettes, charges et obligations sociales, et après le remboursement des actions, sera partagé entre tous les Sociétaires, comme il est dit à l'article 48; mais, si le tiers au moins des Membres de la Société désire la renouveler immédiatement, ils auront le droit de racheter à l'ancienne, à prix d'inventaire, tous les meubles, immeubles et objets d'exploitation constituant le fonds de réserve.

Le paiement aura lieu au moyen d'obligations émises par la nouvelle Société, en nombre égal aux actions de l'ancienne, et remboursées par annuités et tirage au sort dans un délai qui ne pourra excéder dix années.

La répartition aura lieu entre les anciens associés conformément aux dispositions fixées par le deuxième paragraphe de l'article 48.

2° Dans le second cas de dissolution, l'actif restant disponible sera liquidé et la valeur en sera répartie entre tous les Sociétaires, comme il est dit au paragraphe ci-dessus, à moins que la majorité des membres dissidents ne donne aux Sociétaires persévérants le droit de rachat déterminé par le deuxième paragraphe du présent article, ou que ceux-ci n'offrent le rachat immédiat et au comptant de la portion de l'actif social appartenant aux membres dissidents.

Les veuves, les enfants et les ayants-droit bénéficieront de la part attribuée à leur auteur.

Toute part qui n'aura pas été réclamée dans le délai d'un an et un jour, à partir de la date de la clôture de la liquidation, grossira d'autant l'actif à partager.

Dans le cas où la liquidation ferait ressortir des pertes, elles seraient supportées, pour une part égale, par tous les Sociétaires.

La liquidation sera faite par trois liquidateurs au moins, nommés par l'Assemblée générale avec les pouvoirs nécessaires.

Une Association fondée sur les bases que nous venons d'indiquer doit infailliblement donner des résultats considérables et réduire d'un cinquième, au moins, la dépense d'un ménage, car les marchands, dont tout le talent consiste à acheter pour revendre plus cher, augmentent leurs marchandises de 25 à 30 pour cent dans le but de s'enrichir d'abord et ensuite de se couvrir de frais généraux souvent excessifs en raison du luxe qu'ils déploient, ce qui n'a pas lieu dans les Sociétés qui n'ont pas besoin de devenir riches ni d'étaler autant de faste pour attirer la clientèle et dont les frais généraux sont réduits à leur plus simple expression, c'est-à-dire, variant entre 5 et 10 pour cent.

Au moyen de l'association pour la consommation, un individu peut donc, sans gagner davantage, vivre mieux en dépensant moins, ce qui est déjà un précieux résultat.

Nous ne nous dissimulons pas que la généralisation des Sociétés de consommation en supprimant les intermédiaires aura l'inconvénient de produire une perturbation momentanée dans la partie commerçante d'un pays, mais cet inconvénient sera peu important eu égard aux avantages qui en ressortiront pour la masse de la population. .

Quand les chemins de fer ont été créés, différentes industries sont tombées et ont dû se transformer, le voiturier est devenu employé de chemin de fer et ainsi de suite.

A côté d'une industrie qui meurt une autre naît et n'occasionne, en réalité, qu,un déplacement de fonctions, d'ailleurs, c'est la loi du progrès, nous devons lui obéir.

Ayant vu les avantages que peuvent procurer les Sociétés de consommation, nous allons examiner quelle peut être l'influence des Associations de crédit.

Le crédit ressemble beaucoup aux fameux plats de langues d'Esope; c'est une chose excellente ou très mauvaise. Selon les circonstances et la manière dont on s'en sert, il peut sauver ou perdre celui qui a recours à lui; il est très bon comme moyen de transaction quand il est simplement le moteur des capitaux dont il accélère le mouvement et multiplie la puissance, mais il est quelquefois dangereux pour ceux qui, avec son aide, escomptent l'avenir probable. Qui de nous n'a vu de pauvres diables aux prises avec des dettes qu'ils avaient pu trop facilement contracter, s'épuiser en vains efforts, creuser un trou pour en boucher un autre, se débattre et finalement succomber à la peine.

Dans la question qui nous occupe, nous recommandons l'emploi du crédit pour les associations et les individus ayant en vue la production et l'écoulement de cette production. Nous le proscrivons d'une manière absolue dans les associations qui ont pour objet la consommation seulement. Le succès de ces dernières, ainsi que nous venons de le signaler plus haut, n'a été obtenu qu'à la condition expresse du comptant. Toutes celles qui ont vendu à crédit n'ont pas réussi.

Il est bien entendu que nous ne considérons pas comme crédit ce qui se pratique dans divers économats, notamment au Chemin de fer d'Orléans, où les objets cédés par l'Administration aux employés sont inscrits sur un livret et retenus sur leurs appointements à la fin du mois.

Le crédit est indispensable à tous les

individus qui font du commerce, aux riches manufacturiers comme aux petits commerçants; tous ont besoin de faire circuler leurs capitaux et, à cet effet, de les transformer en monnaie fiduciaire (bil'ets à ordre, lettres de change, etc,) et de faire escompter ces valeurs créées par eux.

Les petits industriels ont besoin qu'on leur prête des fonds pour se développer et soutenir la concurrence sans une trop grande inégalité et, bien qu'en présence de puissantes associations, les petites industries soient appelées à disparaître, parce qu'elles ne pourront jamais lutter avantageusement contre les masses de capitaux réunis par les Sociétés industrielles, il n'en faut pas moins faciliter les hommes qui veulent exploiter seuls et à leur profit une affaire qui doit, selon eux, les conduire à la fortune. Nous devons laisser à chacun la liberté de se mouvoir à sa guise et l'aider de tout notre pouvoir si nous ne voulons pas détruire l'émulation si nécessaire à la bonne marche du progrès. Nous obtiendrons ces résultats en créant des banques populaires où tout le monde pourra être actionnaire et devenir, par conséquent son propre banquier, où l'on pourra apporter ses valeurs à négocier et emprunter de l'argent, le tout à des conditions déterminées par une sage réglementation.

Afin de profiter de l'expérience des autres, nous allons examiner le fonctionnement de ces institutions déjà existantes et voir quel mode conviendrait le mieux pour la réalisation de notre programme.

Les banques d'Écosse qui ont un si grand succès, qui rendent tant de services et qui ont résisté à des crises où beaucoup d'autres ont succombé, reçoivent en dépôt des capitaux dont elles paient les intérêts à un taux aussi élevé que les déposants pourraient l'espérer dans un autre placement ; elles escomptent le papier comme toutes les banques ordinaires et aux mêmes conditions ; elles prêtent au cultivateur qui veut augmenter son exploitation, au commerçant qui veut étendre ses affaires, au commis et à l'ouvrier qui ont besoin d'argent soit pour s'établir ou pour tout autre motif, moyennant caution, c'est-à-dire que l'emprunteur se présente à la banque qu'il a choisie, accompagné de deux ou trois clients bien connus, lesquels attestent son honorabilité et se portent garants pour lui de la somme qu'il demande; la banque alors lui ouvre un crédit pour la somme fixée et il peut en disposer à sa guise.

Le plus souvent, ces formalités n'ont pas besoin d'être remplies, attendu que la plupart des Ecossais ont déjà des comptes ouverts dans des banques où ils versent journellement en dépôt les fonds dont ils disposent afin de n'en pas perdre les intérêts. Ils font généralement tous leurs paiements avec des chèques sur ces banques au lieu d'espèces, ce qui a l'avantage de ne jamais laisser l'argent improductif et de féconder sa puissance.

En Allemagne, des banques de crédit, différentes de celles d'Angleterre, réalisent sur ces dernières un progrès. Elles furent instituées par l'initiative et sur les données d'un économiste qui peut être considéré comme un des hommes les plus utiles aux classes laborieuses. M. Schultze-Delitzch, ancien juge de paix, devenu depuis membre du Parlemand allemand: Ces banques du peuple, aujourd'hui très répandues, ont essentiellement le caractère d'association coopérative et ont pour objet de procurer à leurs membres, au moyen de leur crédit collectif, les capitaux dont ils ont besoin pour leurs affaires.

Le mécanisme de ces Sociétés consiste dans la solidarité des signatures, car là où des individus isolés n'obtiendraient pas de crédit, ces mêmes individus en s'associant et en s'engageant solidairement, inspireront confiance et réussiront à contracter un emprunt.

Leur capital est constitué : 1° par un droit d'entrée pouvant varier de 1 fr. 25 à 3 fr. 75 et d'une cotisation mensuelle d'environ 0,25 centimes. Cette cotisation est due jusqu'à concurrence de la somme pour laquelle l'associé s'est engagé ; 2° par des sommes empruntées par l'association sous la garantie solidaire de ses membres et par des versements supplémentaires que les associés ont la faculté de faire et qui, réunis à leurs versements obligatoires, leur donnent droit à des dividendes. Chaque membre de l'Association peut emprunter à la Caisse sociale une somme égale aux versements qu'il a opérés. S'il veut emprunter davantage, il doit fournir la caution d'un ou plusieurs sociétaires. Les prêts sont généralement peu élevés, ils varient de 20 à 40 francs. Dans quelques associations ils atteignent jusqu'à 4.000 fr. ; ils sont faits pour une période de trois mois, sur billet à ordre, et peuvent être renouvelés. Les intérêts à payer par les emprunteurs varient de 4 à 8 pour cent et une commission de 1/4 pour cent par mois.

L'Italie qui compte aussi des Sociétés mutuelles de crédit en possède quelques-unes d'un caractère particulier. Ces Sociétés prêtent à leurs membres en cas de besoin urgent, maladie, mariage, naissance, paiement de loyer, etc. ; le remboursement est fait par des petits versements mensuels à un intérêt très borné. A Florence existe une Société de protection pour les artistes et ouvriers; elle se charge de la vente des produits de tous ses membres; elle organise des expositions et donne souvent des commandes aux membres qui se trouvent dans le besoin. Sa clientèle est très nombreuse. En 1873, l'Italie comptait déjà

130 banques du peuple dues presque toutes à l'initiative de MM. Vigano et Lutzatti, de Milan.

La Russie, l'Autriche, la Suède, la Hollande, la Belgique, les Etats-Unis, et même l'Egypte, ont également des Sociétés de crédit qui toutes diffèrent, en raison du caractère et des besoins des pays où elles sont installées.

En France les associations de crédit ont de la peine à réussir ; plusieurs tentatives ont été faites et n'ont pas donné de résultats satisfaisants, la Banque de crédit au travail fondée en 1862 par M. Deluze, a sombré par suite de sa trop grande facilité à prêter sans s'entourer de garanties suffisantes, la Caisse Valras, à la fondation de laquelle avaient coopéré MM. Jules Simon et Léon Say, a échoué pour les mêmes motifs. D'autres Sociétés se sont formées depuis et existent encore, mais elles n'ont pas acquis des développements assez considérables pour exercer de l'influence sur la fortune publique et le bien être général.

Pour atteindre le but que nous nous proposons, il est indispensable que ces institu-

tions se propagent, qu'elles passent dans nos
mœurs, dans nos habitudes; il faut, à cet effet,
faire une propagande soutenue par la presse,
des conférences et des réunions ; il faut aussi
que nos lois commerciales soient modifiées,
celles qui nous régissent actuellement remon-
tant à 1808 et ne répondant plus aux besoins
du commerce qui s'est transformé depuis, il
faut enfin que nous soyons libres de nous associer et de nous mouvoir sans gêne ni entrave
dans notre existence sociale et économique. Si
nous possédions cette liberté dont nous joui-
rons bientôt, il faut l'espérer, nous conseille-
rions la création de nouvelles Sociétés ayant
des statuts à peu près semblables aux suivants
que nous avons rédigés pour servir de type
aux associations de crédit, telles que nous les
comprenons.

SOCIÉTÉ DE CRÉDIT

TITRE PREMIER

But de la Société

ARTICLE PREMIER

Il est formé entre toutes les personnes ou associations, considérées comme personnes civiles, qui adhéreront aux présents Statuts par une prise d'action, une Société ayant pour but de procurer à ses adhérents par leur crédit collectif et réciproque, les capitaux dont ils auront besoin.

Conditions d'Admission

ARTICLE II

Pour être admis comme Sociétaire, il faut être âgé de 21 ans au moins et avoir une bonne moralité, être présenté par deux sociétaires ou indiquer des références.

Les admissions devront être prononcées par le Conseil d'Administration et, pour devenir définitives, être approuvées par l'Assemblée générale qui suivra.

Pourront faire partie de la Société les femmes dûment autorisées par leurs maris ou jouissant de leurs droits civils.

En entrant dans l'association, chaque adhérent contracte l'obligation morale de faire tous ses efforts pour son développement et sa prospérité.

Dénomination de la Société

ARTICLE III

La Société prend la dénomination de...

Durée de la Société

ARTICLE IV

La durée de la Société est fixée à 40 ans; elle pourra être renouvelée indéfiniment par période de 40 ans, sous réserve des conditions déterminées par l'article 50 des présents Statuts.

Le décès d'un Sociétaire n'entraînera pas la dissolution de la Société.

Siège Social

ARTICLE V

Le Siège de la Société est à......

TITRE II

Opérations de la Société

ARTICLE VI

La Société escompte les effets revêtus de deux signatures au moins, reconnues bonnes, et les warrants délivrés par les entrepôts et les magasins de vente des produits des adhérents dont l'échéance n'excédera pas trois mois.

Elle reçoit en dépôt, de ses associés et d'étrangers, des capitaux productifs d'intérêts, sous la garantie solidaire de tous les associés.

Elle avance à ses adhérents des fonds pour une période qui ne dépassera pas trois mois, aux taux et conditions fixés par le Conseil d'Administration qui s'inspirera de l'intérêt de la Société et de celui des sociétaires.

Ces avances pourront être renouvelées.

Elle s'interdit formellement toute opération de bourse, toute ouverture de crédit à découvert, toute opération aléatoire.

TITRE III

Capital Social

ARTICLE VII

Le capital est formé par le montant des actions souscrites. Il peut être augmenté indéfiniment par l'admission de nouveaux Sociétaires, ou diminué par le retrait des actions effectué dans les conditions de l'article 13.

Chaque associé est responsable envers la Société, du montant des actions souscrites par lui.

ARTICLE VIII

Les actions sont de 100 francs et nominatives; elles ne peuvent être négociées que par voie de transfert sur les registres de l'association. Un Sociétaire ne peut posséder plus de 10 actions. Ces actions sont numérotées selon la suite naturelle des nombres, détachées d'un registre à souches, coté et paraphé par première et dernière, par le président et deux membres du Conseil d'Administration.

Le Conseil constatera le fait dans son procès-verbal.

ARTICLE IX

Le capital fourni par les actions reçoit un intérêt de 4 pour cent, imputé sur les frais généraux et payable par semestre dans le mois qui suivra l'Assemblée générale.

ARTICLE X

Les demandes d'actions ou de transferts seront adressées au Conseil d'Administration ; elles seront affichées pendant 15 jours au siège de la Société, sur un tableau à ce destiné.

ARTICLE XI

Le Conseil, après avoir recueilli sur le compte de chaque postulant tous les renseignements propres à éclairer sa religion, statuera sur son admission.

Versements

ARTICLE XII.

Avant de pouvoir participer aux avantages de la Société, il faut avoir accompli un premier versement de 25 francs en une ou plusieurs fois, au gré des souscripteurs ; la moindre fraction devra être de cinq francs. Le complément du montant des actions sera versé par le sociétaire dans l'année qui suivra son admission.

A chaque versement fait par les souscripteurs, il est délivré un reçu provisoire signé par le trésorier. Aucun titre définitif ne sera délivré qu'en échange de ces reçus.

Le registre d'où seront tirés ces reçus, sera visé et paraphé dans les mêmes conditions que celui des actions.

Quand les versements seront faits par fractions, l'intérêt ne sera dû que lorsqu'ils auront atteint la somme de 25 francs.

Retraits

ARTICLE XIII

Le Sociétaire qui, pour un motif quelconque, voudra se retirer, pourra exiger le remboursement de ses actions, en tant qu'elles n'auront pas été entamées par des pertes.

Ce remboursement sera opéré dans un délai de 6 mois, sans intérêts, à partir du jour de la demande de retrait.

En cas de décès d'un Sociétaire, les héritiers ou ayants-droit seront remboursés dans le même délai.

Il leur sera tenu compte des intérêts jusqu'au jour du remboursement, et de la part du capital de réserve afférente au montan des actions de leur auteur.

Toutefois, ils n'auront droit au payement de ce dividende qu'après la plus prochaine liquidation.

Ils ne peuvent, en aucun cas, provoquer l'apposition des scellés sur les biens et valeurs de la Société, en demander le partage ou la licitation, ni s'immiscer en aucune manière dans son administration ; ils sont tenus de s'en rapporter aux inventaires arrêtés par le Conseil et de se faire représenter auprès de la Société par un seul et même mandataire.

Par dérogation aux dispositions qui précèdent, aucune action ne pourra être retirée pendant la période de fondation, fixée à deux ans à partir du jour de la constitution de la Société.

ARTICLE XIV

Pourra être exclu de la Société tout membre qui se sera rendu coupable d'actes d'improbité ou d'indélicatesse, ou de nature à porter préjudice aux intérêts ou à la considération de la Société.

Le Conseil d'Administration pourra prononcer l'exclusion après avoir provoqué les explications du Sociétaire. Cette décision devra être prise par les trois quarts, au moins, des membres composant le Conseil. L'exclu ne pourra en appeler devant l'Assemblée générale suivante qu'autant qu'il en aura prévenu le Président du Conseil, 15 jours avant l'Assemblée où il devra se présenter en personne, avec la faculté de se faire assister d'un Conseil. L'exclusion ne pourra être maintenue par cette Assemblée, qu'à la majorité des deux tiers des membres présents.

Le Sociétaire exclu aura droit au remboursement immédiat et intégral du montant de ses versements, sans intérêts du jour de l'exclusion. Il perdra tout droit au partage du capital de réserve.

Dans le cas où sa conduite aurait causé un préjudice matériel à la Société, tout ou partie de ses droits en répondront.

TITRE VI.

Conseil d'administration

ARTICLE XV

La Société est administrée par un Conseil de douze membres au moins. Leurs fonctions sont gratuites. Ils sont nommés par l'Assemblée générale, à la majorité relative, et choisis parmi les Sociétaires. La durée de leurs fonctions est de dix-huit mois.

ARTICLE XVI

A la première réunion du Conseil, ils choisissent parmi eux, à la majorité des voix: un président, un vice-président et un secrétaire.

ARTICLE XVII

Le Conseil sera renouvelé par tiers, de semestre en semestre. Pour les deux premiers semestres, les membres sortants sont désignés par le sort; ils sont rééligibles.

ARTICLE XVIII

Si un membre du Conseil cesse ses fonctions avant l'expiration de ses pouvoirs, le Conseil se complétera provisoirement comme il l'entendra, et l'Assemblée générale qui suivra, procédera à l'élection définitive, soit en approuvant le choix du Conseil, soit en présentant par le vote un nouveau membre.

Le membre ainsi élu sera remplacé à l'époque où l'aurait été son prédécesseur.

ARTICLE XIX

Pour délibérer valablement, la moitié plus un des membres du Conseil doivent être présents. Les délibérations sont prises à la majorité des voix. En cas de partage, la voix du Président est prépondérante. En l'absence du Président ou du Vice-Président, le Conseil est présidé par le plus âgé des membres présents.

ARTICLE XX

Tout membre qui aura manqué d'assister
aux réunions du Conseil sans faire parvenir,
dans les 48 heures qui suivront, une excuse
reconnue valable, sera passible d'une amende
de deux francs. En cas de récidive à la réunion
suivante, il sera considéré comme démissionnaire de ses fonctions.

Le produit des amendes est versé au fonds
de réserve.

ARTICLE XXI

Le règlement arrêté par le Conseil déterminera les jours, mode et heure de ses délibérations.

ARTICLE XXII

Les procès-verbaux des réunions du Conseil seront conservés et reliés ensemble.

ARTICLE XXIII

Au Conseil d'administration, seul, appartient le droit d'administrer les affaires de la
Société; il peut traiter, transiger; il détermine
l'emploi des fonds; il peut aussi déléguer tou-

ou partie de ses pouvoirs ; mais cette délégation ne pourra, en aucun cas, être périodique ni permanente, ni s'étendre à une suite d'opérations complètes, fussent-elles de même nature ; elle devra être renouvelée spécialement pour chaque cas déterminé.

Les membres du Conseil ne contractent à raison de leur gestion aucune obligation personnelle ni solidaire; ils ne répondent que de leur mandat.

ARTICLE XXIV

Le Conseil désignera chaque mois, à tour de rôle, deux de ses membres chargés de le représenter pendant tout le mois qui suivra, dans ses rapports avec le trésorier et généralement tous les Sociétaires. Toutefois, quand il y aura urgence, ils pourront faire convoquer le Conseil d'administration en réunion générale. Ne pourront faire partie de cette délégation les membres du Bureau.

L'un des délégués sera spécialement chargé du contrôle des écritures du mois courant et de faire un rapport écrit qui sera déposé sur le bureau à la première séance du Conseil qui suivra le mois de sa délégation.

ARTICLE XXV

En cas d'urgence et dans l'intérêt de la prospérité de la Société, le Conseil aura le droit de prendre toutes décisions qui, pour devenir définitives, auront besoin d'être ratifiées par l'Assemblée générale.

ARTICLE XXVI

L'Assemblée générale nommera, sur la proposition du Conseil d'administration, un sociétaire qui sera rétribué et qui prendra le titre de trésorier de la Société. Nommé par l'Assemblée générale, il n'est révocable que par elle ; mais le Conseil peut provoquer cette révocation, même le suspendre jusqu'à la première Assemblée générale.

Il ne pourra occuper aucun autre emploi. Sa rémunération sera fixée par l'Assemblée générale sur la proposition du Conseil.

Il devra fournir un cautionnement ou une garantie dont l'importance sera fixée par le Conseil en raison de sa responsabilité.

ARTICLE XXVII

Le Trésorier sera spécialement chargé, sous sa responsabilité personnelle, de la caisse et de la comptabilité, de l'exécution des décisions administratives ; il fera, ou fera faire, toutes les opérations prescrites par le Conseil, et ne devra jamais, en aucun cas, traiter d'affaires sans y être autorisé, sinon par le Conseil, au moins par l'un des délégués de service.

· ARTICLE XXVIII

Le Trésorier assistera aux délibérations du Conseil ; il y aura voix consultative seulement.

Le Trésorier sera tenu de dresser à la fin de chaque mois la situation véritable des recettes et dépenses de la Société, et de la déposer sur le bureau à la première réunion du Conseil qui suivra.

Il devra également déférer à toutes les réquisitions des membres délégués par le Conseil, conformément à l'art. 24, et leur soumettre les livres, la caisse, le portefeuille, toutes les fois qu'ils le jugeront convenable.

ARTICLE XXIX

En cas d'empêchement motivé du Trésorier, il sera remplacé provisoirement dans ses
fonctions par une personne choisie par le
Conseil, de préférence parmi les sociétaires,
et la plus prochaine assemblée statuera définitivement.

ARTICLE XXX

Le Trésorier étant responsable de la bonne
exécution des ordres qu'il reçoit, les employés
de l'administration ne seront nommés ou
révoqués par le Conseil que sur sa proposition.

ARTICLE XXXI

Toutes actions judiciaires seront suivies
par le Trésorier, ou contre lui, sous la surveillance et le contrôle du conseil d'administration
qui nommera à cet effet un Conseil judiciaire.

TITRE V

Assemblées générales

ARTICLE XXXII

Les membres de la Société se réuniront
en assemblée générale deux fois par année, en
février et en août.

Les sociétaires pourront être réunis en
assemblée générale toutes les fois que le conseil d'administration jugera cette mesure nécessaire.

ARTICLE XXXIII

Les lettres de convocation devront être
adressées huit jours au moins avant l'époque
indiquée pour la réunion; elles devront mentionner les matières qui feront l'objet de la délibération.

ATICLE XXXIV

A chaque assemblée générale, le Conseil
d'administration soumettra les comptes du
semestre écoulé à l'approbation des membres

de la Société ; il fera un rapport sur sa situation.

A partir du jour de la convocation, tout sociétaire pourra consulter les comptes au siège social.

ARTICLE XXXV

L'assemblée générale sera présidée par le président ou le vice-président du Conseil d'administration; ou, à leur défaut, par le plus âgé des membres du Conseil.

La police de l'assemblée appartient au président. Tout membre de la Société est tenu de déférer à ses injonctions.

ARTICLE XXXVI

Toute proposition étrangère à l'ordre du jour devra être rédigée par écrit et déposée sur le bureau ; le président en donnera connaissance à l'assemblée.

ARTICLE XXXVII

Toute proposition tendant à modifier les Statuts devra être déposée huit jours au moins à l'avance, entre les mains du Conseil, qui en rendra compte à l'assemblée générale.

ARTICLE XXXVI

Tout associé ayant droit d'assister à l'assemblée générale, conformément à l'article 32, y sera reçu sur la présentation de son titre et de sa lettre de convocation. Celle-ci sera signée et déposée par lui à l'entrée.

ARTICLE XXXIX

Tout associé ayant droit d'assister à l'assemblée générale, pourra s'y faire représenter par un mandataire associé lui-même, et porteur d'un pouvoir spécial qui devra être également déposé à l'entrée ; un même sociétaire ne pourra représenter plus de cinq membres.

ARTICLE XL

Chaque associé n'a droit qu'à une seule voix dans les assemblées générales, quel que soit le nombre de ses actions. Les mandataires des membres absents n'auront droit qu'à une seule voix, en sus de la leur, quel que soit le nombre des sociétaires qu'ils représentent.

ARTICLE XLI

Les décisions de l'assemblée générale sont prises à la majorité des voix; en cas de partage la voix du Président est prépondérante.

ARTICLE XLII

L'assemblée générale, pour se constituer, devra représenter au moins le cinquième du capital versé.

ARTICLE XLIII

Si les conditions mentionnées à l'art. 42 ne sont pas remplies au jour indiqué, l'assemblée sera ajournée à quinzaine et une nouvelle convocation sera faite dans les huit jours qui suivront. Cette seconde assemblée se constituera régulièrement, quel que soit le capital représenté.

ARTICLE XLIV

L'assemblée générale, régulièrement constituée, représente l'universalité des sociétaires. Ses décisions engagent tous les associés sans exception, présents ou absents.

TITRE VI.

Frais Généraux

ARTICLE XLV

La Société n'ayant pas en vue la réalisation de bénéfices, mais bien la facilité pour ses membres d'emprunter des capitaux et d'escompter leurs valeurs aux meilleures conditions possibles pour eux, prélèvera des intérêts et une commission pour couvrir ses frais généraux et ses pertes probables seulement.

Le cinquième des économies qui seront réalisées de ce chef, pourra être, sur décision de l'assemblée générale, réparti à chaque exercice entre les sociétaires de la manière suivante : un quart au capital-actions, suivant l'importance et la durée des versements effectués par chaque sociétaire, trois quarts aux opérations ayant contribué à ces économies et au prorata de chaque compte, le dernier titulaire d'une action cumulant les droits de tous ceux qui l'ont précédé.

Fonds de Réserve

ARTICLE XLVI

Le fonds de réserve a pour but d'aider au
développement des opérations de la Société
et de parer à ses éventualités.

ARTICLE XLVII

Le fonds de réserve se compose :

1° Des quatre cinquièmes des économies
faites sur les frais généraux;

2° Du cinquième restant, si l'assemblée
générale n'en a pas disposé autrement;

3° Des dons, legs et abandons faits au profit de la Société;

4° Du produit des amendes des administrateurs.

ARTICLE XLVIII

Le Conseil d'administration proposera à
chaque assemblée générale, qui en décidera,
l'emploi à faire du fonds de réserve.

TITRE VII

Dissolution, Liquidation et Répartition du fonds de Réserve

ARTICLE XLIX

La dissolution de la Société aura lieu de plein droit au terme fixé par l'article 4. Avant ce terme, elle ne pourra avoir lieu que par la volonté des Sociétaires présents à l'assemblée générale, convoquée spécialement à cet effet, un mois à l'avance ; cette dissolution ne pourra être décidée qu'autant qu'elle aura été votée à la majorité des trois quarts, plus un de tous les membres de la Société.

Aucun Sociétaire ne pourra se faire représenter à cette assemblée.

La convocation d'une assemblée générale extraordinaire ne pourra être provoquée par les Sociétaires qu'en cas de perte du quart du capital social au moins.

Liquidation

ARTICLE L

. La liquidation, qui aura lieu dans les cas prévus par l'article 49, s'effectuera de la manière suivante :

1o Dans le premier cas, l'actif qui restera disponible après l'acquit de toutes les dettes, charges et obligations sociales, et après remboursement des actions, sera partagé entre tous les Sociétaires, comme il est dit à l'article 45 ; mais si le tiers au moins des membres de la Société désire le renouveler immédiatement, les nouveaux adhérents auront le droit de racheter à l'ancienne, à prix d'inventaire, tous ses meubles, immeubles, et objets d'exploitation constituant le fonds de réserve.

Le paiement aura lieu au moyen d'obligations émises par la nouvelle Société, en nombre égal aux actions de l'ancienne, et remboursables par annuités et tirage au sort, dans un délai qui ne pourra excéder dix années.

La répartition aura lieu entre les anciens

associés, conformément aux dispositions fixées par le deuxième paragraphe de l'art. 45.

2° Dans le second cas de dissolution, l'actif restant disponible sera liquidé et la valeur en sera répartie entre tous les Sociétaires, comme il est dit au paragraphe ci-dessus, à moins que la majorité des membres dissidents ne donne aux Sociétaires persévérants le soin de rachat déterminé par le deuxième paragraphe du présent article, ou que ceux-ci n'offrent le rachat immédiat et au comptant de la portion de l'actif social appartenant aux membres dissidents.

Les veuves, les enfants et les ayants-droit bénéficieront de la part attribuée à leur auteur.

Toute part qui n'aura pas été réclamée dans le délai d'un an et un jour, à partir de la clôture de la liquidation, grossira d'autant l'actif à partager.

Dans le cas où la liquidation ferait ressortir des pertes, elles seraient supportées, pour une part égale, entre tous les Sociétaires.

La liquidation sera faite par trois liqui-

dateurs au moins, nommés par l'assemblée
générale avec les pouvoirs nécessaires.

ARTICLE LI

Tous les détails administratifs qui ne sont
pas réglés par les présents statuts, feront
l'objet d'un règlement intérieur.

———

Nous pensons que des Sociétés fondées
d'après ces Statuts, inspireraient confiance
par les garanties qu'elles offriraient, qu'elles
faciliteraient l'épargne qui y trouverait un
placement avantageux et qu'elles permet-
traient à une foule de petits commerçants,
agriculteurs et industriels, d'échapper à ces
prêteurs d'argent qui prélèvent la plus grosse
part de leurs bénéfices.

Nous étant occupé du crédit, de son influence et de son organisation, nous allions
passer à l'examen de la troisième forme de
l'association coopérative.

LA PRODUCTION

L'association pour la production est appelée, comme tous les autres modes d'associations, à améliorer le sort du plus grand nombre des travailleurs ; elle facilitera la bonne harmonie qui doit exister entre les diverses classes de la société ; elle devra, avec les avantages matériels qu'elle procurera, produire des effets moraux d'une grande importance en élevant le sentiment de la dignité de l'ouvrier qui se sentira plus de valeur en raison des droits plus étendus et des devoirs plus importants qu'il aura.

Ce genre d'association est incontestablement celui qui exige le plus de qualités morales de la part des associés ; il faut de la persévérance, de la probité, de l'abnégation et aussi de l'aptitude professionnelle. Les débuts sont toujours difficiles et il est nécessaire d'avoir, pour réussir, des hommes d'une grande force de caractère et bien décidés à s'affranchir du prolétariat.

En 1848, à l'issue de la Révolution de février, un certain nombre d'associations de production furent créées; quelques-unes même furent subventionnées par l'Etat : elles ne prospérèrent pas, parceque l'éducation sociale et la science économique faisaient défaut aux fondateurs qui entraient dans une voix inexplorée, sans précédents, sans exemples pour les guider; puis aussi à cause du manque de cohésion, du défaut de discipline, de l'absence de moralité, de capacité et de direction. Aujourd'hui les ouvriers, plus instruits, mieux préparés pour ces sortes d'institutions, savent qu'ils ne peuvent conquérir la fortune que par le travail et la valeur personnelle, et qu'il est imprudent de s'abandonner à des illusions décevantes.

La plupart des associations ouvrières péchent par l'administration et l'élément commercial, qui sont généralement très insuffisants. Ce n'est pas assez que de savoir bien fabriquer un objet: il faut encore pouvoir l'écouler, le vendre et lui faire produire tout le bénéfice

qu'il est possible d'en espérer. Les ouvriers
qui s'associent ne doivent pas être exclusifs
et éliminer de leur Société d'autres travailleurs comme eux, les comptables et les ven-
deurs, qui sont des rouages indispensables à
la grande machine industrielle.

Le mouvement coopératif de production
s'effectue de deux façons différentes: l'association entre ouvriers seulement et la participa-
tion des ouvriers aux bénéfices d'une entreprise particulière.

Certains économistes, notamment M. Emile
Laurent (1), estiment que l'association entre
ouvriers ne peut être tentée avec succès que
pour la petite industrie, et non pour les
grandes entreprises. Nous ne partageons pas
cette manière de voir; nous pensons au contraire qu'un petit établissement peut toujours
être monté par un individu ou une Société,
indifféremment, tandis qu'il n'en pourrait
être de même pour une très grande entreprise
que les capitaux d'un seul seraient impuissants

(1) *Le Paupérisme et les associations de prévoyance*,
(2° volume, page 520).

à mener à bonne fin, et pour laquelle l'association est une absolue nécessité.

Il n'y a actuellement dans les grandes compagnies industrielles que les capitalistes qui sont associés et qui coopèrent aux bénéfices parce que les promoteurs de ces compagnies ont dû, pour avoir de l'argent, s'adresser à eux et non à la masse des travailleurs qui n'en possède que peu ou point ; mais quand les ouvriers comprendront que pour s'élever ils ont à faire des efforts, qu'ils doivent d'abord se constituer un capital à l'aide d'économies réalisées sur leur consommation journalière au moyen de l'association qui leur est déjà accessible, nous les verrons se substituer aux capitalistes en prenant une ou plusieurs actions dans une entreprise où ils entreront pour coopérer par leur travail et leurs capitaux aux bénéfices produits par ces deux éléments.

Si de grandes affaires coopératives n'ont pas encore été montées, ce n'est pas aux difficultés qu'elles présentent qu'il en faut faire remonter la cause, mais bien au manque de foi dans le principe même, et au défaut de confiance dans la réussite ; les novateurs n'osent pas se lancer dans cette voie pourtant reconnue bonne et praticable. Leur hésitation durera jusqu'au jour où un premier succès dissipera tous les doutes. En attendant, les petites associations de production entre ouvriers se montent et commencent à fonctionner convenablement. A Paris, celles des tailleurs, des lunetiers et facteurs de pianos, entre autres, ont déjà obtenu de très beaux résultats, et si les associés n'y ont pas gagné la fortune, ils ont élevé leur salaire, acquis leur indépendance et amélioré d'autant leur situation.

Cette façon de coopérer en s'associant nous paraît bien préférable à celle de participer seulement aux bénéfices d'une entreprise appartenant à un particulier. Dans le premier cas, l'ouvrier est complétement affranchi, il a une certaine part de direction ou de surveillance qui le relève à ses propres yeux; il est plus étroitement intéressé à la prospérité de l'établissement dans lequel il est engagé et il y déploiera plus de zèle, plus d'initiative et plus d'activité que dans le deuxième cas où il aura un intérêt moindre.

Les chefs d'industrie qui appellent leurs
ouvriers et employés à participer à leurs bénéfices,ont une idée excellente pour eux d'abord,
car ils trouvent dans cette combinaison le
moyen de s'attacher leurs ouvriers en formant
avec tout ou partie de la part du bénéfice dont
ils font l'abandon, une caisse de prévoyance,
secours et retraite, organisée de façon que les
ouvriers se trouvent comme soudés à leur
établissement, lequel profite d'un personnel
stable, plus habile, plus habitué aux travaux
de l'entreprise.De cette combinaison il résulte,
pour le patron, une production mieux faite et
plus considérable, qui lui permet de soutenir
avantageusement la concurrence et de com-
penser ainsi la part qu'il a abandonnée. Ensuite, les ouvriers y trouvent une certaine garantie pour l'avenir, une épargne qu'ils ne
feraient pas sur leur salaire quotidien; ils
montent d'un échelon la hiérarchie sociale,
mais demeurent encore loin du sommet, et
bien que nous ne puissions que féliciter les
industriels qui ont eu l'intelligente et géné-
reuse pensée d'associer à leur prospérité le
personnel qu'ils emploient, nous croyons

devoir engager les ouvriers capables à faire de
efforts pour fonder des ateliers et ne pa
attendre de l'initiative ou du bon vouloir d
leurs patrons une amélioration de leur situa
tion qu'ils peuvent se procurer eux-mêmes

De même que pour les associations de con
sommation et de crédit, nous rédigeons ur
type de statuts pour une Société de production
étant donnée la liberté d'association pleine e
entière, ainsi que nous l'espérons.

SOCIÉTÉ DE PRODUCTION

TITRE PREMIER

But de la Société

ARTICLE PREMIER

Il est formé entre toutes les personnes qui adhéreront aux présents statuts, par une prise d'action, une Société ayant pour objet l'entreprise et l'exécution de tous travaux se rattachant à .... en général. Elle pourra installer, partout où besoin sera, des magasins pour la vente ou l'échange de ses produits, ainsi que des entrepôts et ateliers en nombre suffisant pour réduire les frais généraux à leur plus simple expression et centraliser, autant que possible, les éléments qui concourent à ce but.

Dénomination de la Société

ARTICLE II

La Société prend la dénomination de...

Durée de la Société

ARTICLE III

La durée de la Société est fixée à 40 ans ; elle pourra être renouvelée indéfiniment par périodes de 40 ans, sous réserve des conditions déterminées par l'article 59 des présents statuts. Le décès d'un Sociétaire n'entraînera pas la dissolution de la Société.

Conditions d'Admission

ARTICLE IV

La Société ayant pour objet la fabrication générale de ...., il est indispensable, pour être admis à souscrire, d'avoir 21 ans au moins, de justifier par voie de concours intellectuel ou manuel, que l'on peut exercer dans l'une des diverses branches de l'industrie ou du commerce, une profession utile à la Société; d'accepter la responsabilité de ses actes, d'avoir une bonne moralité, d'être présenté par deux Sociétaires ou indiquer des références:

Les admissions devront être prononcées par le Conseil d'administration et, pour devenir définitives, être approuvées par l'assemblée générale qui suivra.

En entrant dans l'association, chaque adhérent contracte l'obligation morale de faire tous ses efforts pour son développement et sa prospérité.

ARTICLE V

Les Sociétés légalement constituées seront admises à souscrire au même titre que les individus.

Pourront également être admises les femmes dûment autorisées par leurs maris ou jouissant de leurs droits civils.

ARTICLE VI

Le siège de la Société est fixé à...

TITRE II

Fonds social

ARTICLE VII

Le fonds social est actuellement limité à la somme de 20.000 francs, représentés par 200 actions nominatives de 100 francs chacune, dont le quart a été versé. Il peut être augmenté indéfiniment par l'admission de nouveaux Sociétaires, ou diminué par le retrait des actions, effectué dans les conditions des articles 13, 15 et 16.

Chaque associé est responsable envers la Société du montant des actions souscrites par lui. Un Sociétaire ne peut posséder plus de dix actions.

ARTICLE VIII

Le montant des actions est payable comme suit : 25 francs en souscrivant, et 5 francs au moins par mois jusqu'à complète libération, avec faculté d'anticipation.

A chaque versement fait par les souscripteurs, il est délivré un reçu provisoire, signé par l'agent principal. Aucun titre ne sera délivré qu'en échange de ces reçus.

ARTICLE IX

Les apports en nature consistant en outillage, matières premières, titres de propriété, pourront être acceptés en paiement de tout ou partie des actions souscrites, suivant estimation du Conseil d'administration.

ARTICLE X

Les actions libérées seront détachées d'un livre à souche et revêtues de la signature du président et de deux membres du Conseil d'administration.

ARTICLE XI

Les actions ne pourront être transférées qu'à des personnes remplissant les conditions énoncées à l'art. 4.

Tout transfert d'action sera mentionné sur un registre spécial signé du cédant, du cessionnaire, du président et de deux membres du Conseil d'administration.

ARTICLE XII

Le capital fourni par les actions reçoit un intérêt de 4 % imputé sur les frais généraux et payable par semestre dans le mois qui suivra l'assemblée générale.

ARTICLE XIII

Le Sociétaire en retard de ses versements de plus d'un mois sera mis en demeure, par le Conseil d'administration, d'avoir à se libérer, et si, un mois après l'avis, il n'a pas mis son compte à jour, sa radiation sera prononcée à la plus prochaine assemblée générale.

Les versements qu'il aura effectués lui seront remboursés sans intérêts six mois après sa radiation.

ARTICLE XIV

Les héritiers et créanciers d'un Sociétaire ne pourront, en aucun cas et sous aucun prétexte, faire apposer les scellés sur les biens de la Société ou s'immiscer dans son administration, ni demander la liquidation, leur situation se trouvant établie par l'inventaire qui suivra.

ARTICLE XV

L'assemblée générale aura toujours le droit d'exclure un Sociétaire qui aurait cherché à nuire aux intérêts ou à l'honneur de la Société.

Toutefois l'exclusion ne pourra être prononcée qu'après que le Sociétaire en cause aura été admis à présenter ou à faire présenter sa défense devant l'assemblée générale et que le scrutin réunira un nombre de voix égal aux deux tiers des membres de la Société.

Le Sociétaire exclu pourra, après un délai de deux ans, demander sa réadmission sous les conditions prescrites à l'article 4.

ARTICLE XVI

Dans le cas d'exclusion, la Société effectuera le remboursement aux ayants-droit cinq ans après l'inventaire qui précédera immédiatement l'exclusion.

Dans le cas de démission, décès ou radiation, le remboursement aura lieu dans le délai de deux ans.

TITRE III.

Crédit Social

ARTICLE XVII

A l'effet de faciliter le développement des opérations sociales, le Conseil d'administration est autorisé à encaisser toutes sommes qui lui seraient offertes à titre onéreux, soit par les Sociétaires, ou par des tiers.

Les conditions consenties par le Conseil ne devront, en aucun cas, excéder les avantages à obtenir par l'emploi des sommes acceptées. Il fixera, de concert avec les déposants, le mode d'acceptation, de remboursement et de garanties réciproques.

ARTICLE XVIII

Il sera délivré à tout dépositaire un bon de caisse nominatif indiquant la date et le montant du dépôt, le taux de l'indémmité, la somme à rembourser, ainsi que la date de son échéance.

Chaque bon de caisse sera revêtu de la signature du président du Conseil d'administration et de l'agent principal.

—————

TITRE IV.

—————

Conseil d'administration

ARTICLE XIX

La Société est administrée par un Conseil de douze membres au moins ; leurs fonctions sont gratuites, ils sont nommés par l'assemblée générale à la majorité relative, et choisis parmi les Sociétaires. La durée de leurs fonctions est de 18 mois.

ARTICLE XX

Pour faire partie du Conseil d'administration, il faut être possesseur de deux actions libérées au moins, et être Sociétaire depuis plus d'un an.

ARTICLE XXI

A la première réunion du Conseil, les administrateurs choisissent parmi eux, à la majorité des voix, un président, un vice-président, un trésorier et un secrétaire.

ARTICLE XXII

Le Conseil sera renouvelé par tiers, de semestre en semestre. Pour les deux premiers semestres, les membres sortants seront désignés par le sort ; ils sont rééligibles.

ARTICLE XXIII

Si un membre du Conseil cesse ses fonctions avant l'expiration de son mandat, le Conseil se complétera provisoirement comme il l'entendra, et l'assemblée générale qui suivra procèdera à l'élection définitive, soit en approuvant le choix du Conseil, soit en présentant, par le vote, un nouveau membre.

Le membre du Conseil ainsi élu, sera remplacé à l'époque où l'aurait été son prédécesseur.

ARTICLE XXIV

Pour délibérer valablement, la moitié plus un des membres du Conseil doivent être présents. Les délibérations sont prises à la majorité.

En cas de partage, la voix du président est prépondérante.

En l'absence du président ou du vice-président, le Conseil est présidé par le plus âgé des membres présents.

ARTICLE XXV

Tout membre qui aura manqué d'assister aux réunions du Conseil, sans faire parvenir dans les 48 heures qui suivront, une excuse reconnue valable, sera passible d'une amende de 2 francs. En cas de récidive à la réunion suivante, il sera considéré comme démissionnaire de ses fonctions. Le produit des amendes sera versé au fonds de réserve.

ARTICLE XXVI

Le règlement arrêté par le Conseil déterminera les jours, mode et heure de ses délibérations.

ARTICLE XXVII

Les procès-verbaux des réunions du Conseil seront conservés et reliés ensemble.

ARTICLE XXVIII

Au Conseil d'administration seul appartient le droit d'administrer les affaires de la Société. A cet effet, il autorise tous les achats, toutes les opérations commerciales ; il peut traiter, transiger ; il peut aussi déléguer tout ou partie de ses pouvoirs, mais cette délégation ne pourra, en aucun cas, être périodique ni permanente, ni s'étendre à une suite d'opérations complètes, fussent-elles de même nature ; elle devra être renouvelée spécialement pour chaque cas déterminé.

Les membres du Conseil ne contractent à raison de leur gestion aucune obligation personnelle ni solidaire ; ils ne répondent que de leur mandat.

ARTICLE XXIX

Le trésorier de la Société est spécialement chargé de la caisse avec l'aide de l'agent principal ; il ne fera aucune opération sans y être autorisé par le Conseil d'administration ou par les délégués de service.

Les fonds disponibles seront toujours versés dans le plus bref délai, en compte courant et au nom de la Société, dans un établissement désigné à cet effet par l'assemblée générale.

Le retrait de tout ou partie de ces fonds sera fait au moyen d'un chèque tiré d'un registre à souche signé du trésorier et visé par le président ou le vice-président du Conseil d'administration.

ARTICLE XXX

Le Conseil désignera chaque mois, à tour de rôle, deux de ses membres chargés de le représenter pendant tout le mois qui suivra dans ses rapports avec l'agent principal, le trésorier, et généralement tous les sociétaires. Toutefois, quand il y aura urgence, ils pourront faire convoquer le Conseil d'administration en réunion générale. Ne pourront faire partie de cette délégation les membres du bureau.

L'un de ces délégués sera spécialement chargé du contrôle des écritures du mois courant, et de faire un rapport écrit qui sera déposé sur le bureau à la première séance du Conseil qui suivra le mois de sa délégation.

ARTICLE XXXI

Tout délégué qui manquerait à son mandat sera passible d'une amende dont l'importance sera fixée par le Conseil.

ARTICLE XXXII

En cas d'urgence et dans l'intérêt de la prospérité de la Société, le Conseil aura le droit de prendre toutes décisions qui, pour devenir définitives, auront besoin d'être ratifiées par l'assemblée générale.

Commission de contrôle

ARTICLE XXXIII

Une commission de contrôle, composée de 3 à 9 membres élus pour 3 ans, est nommée en assemblée générale à la majorité absolue des membres présents ; elle sera renou-

velée par tiers tous les ans ; les membres
sortants sont rééligibles.

ATICLE XXXIV

La commission a le droit de prendre connaissance de tous les actes accomplis par le
Conseil d'administration. A cet effet, elle peut
se faire délivrer tous les documents nécessaires à l'accomplissement de son mandat, et
le Conseil est tenu de les lui fournir.

A sa requête, la situation de la caisse et du
portefeuille, ainsi que la correspondance seront
par elle examinées

Elle peut également, quand les intérêts de
la Société lui paraissent compromis, convoquer l'assemblée générale pour lui soumettre
les faits de nature à dégager sa responsabilité.

Elle est chargée de faire un rapport à
l'assemblée générale sur chaque inventaire et
sur la situation générale présentée par le Conseil d'administration.

ARTICLE XXXV

La commission se réunit au siège social
aussi souvent que les intérêts de l'association

l'exigent ; elle nomme son bureau, et ses délibérations sont consignées sur un registre spécial et signé des membres du bureau.

Agence

ARTICLE XXXVI

L'assemblée générale nommera, sur la proposition du Conseil d'administration, un Sociétaire qui prendra le titre d'agent principal. Nommé par l'assemblée générale, il n'est révocable que par elle ; mais le Conseil d'administration peut provoquer cette révocation, même le suspendre jusqu'à la première assemblée générale.

Il ne pourra occuper aucun autre emploi. Sa rémunération sera fixée par l'assemblée générale, sur la proposition du Conseil d'administration.

Il devra être possesseur de dix actions libérées et fournir un cautionnement, au besoin, pour garantir sa gestion.

ARTICLE XXXVII

L'agent principal sera chargé, sous sa responsabilité personnelle, de la caisse, de la comptabilité et de l'exécution de tous les actes administratifs et commerciaux de la Société, prescrits par le Conseil d'administration ou par les délégués de service.

ARTICLE XXXVIII

L'agent principal assistera aux délibérations du Conseil d'administration ; il y aura voix consultative seulement. Il sera tenu de dresser, à la fin de chaque mois, la situation véritable des recettes et dépenses de la Société, et de la déposer sur le bureau à la première réunion du Conseil qui suivra.

Il devra également déférer à toutes les réquisitions des membres délégués par le Conseil d'administration et la commission de contrôle, et leur soumettre les livres et la caisse toutes les fois qu'ils le jugeront convenable.

ARTICLE XXXIX

En cas d'empêchement motivé de l'agent principal, il sera remplacé provisoirement dans ses fonctions par un Sociétaire choisi par le Conseil, et la plus prochaine assemblée générale statuera définitivement.

ARTICLE XL.

Toutes les actions judiciaires seront suivies par l'agent principal ou contre lui, sous la surveillance et le contrôle du Conseil d'administration qui nommera à cet effet un conseil judiciaire.

TITRE V

Assemblées générales

ARTICLE XLI

Les membres de la Société se réuniront en assemblée générale deux fois par année, en février et en août.

Les Sociétaires pourront être réunis en assemblée générale toutes les fois que le Conseil d'administration jugera cette mesure nécessaire ou que la commission de contrôle croira devoir la provoquer, en conformité de l'article 34.

ARTICLE XLII

Les lettres de convocation devront être adressées 8 jours au moins avant l'époque indiquée pour la réunion ; elles devront mentionner les matières qui feront l'objet de la délibération.

ARTICLE XLIII

A chaque assemblée générale, le Conseil d'administration soumettra les comptes du semestre écoulé à l'approbation des membres de la Société ; il fera un rapport sur la situation générale.

A partir du jour de la convocation, tout Sociétaire pourra consulter les comptes au siège social.

ARTICLE XLIV

L'assemblée générale sera présidée par le président ou le vice-président du Conseil d'administration ou, à leur défaut, par le plus âgé des membres du Conseil.

La police de l'assemblée appartient au président ; tout membre de la Société est tenu de déférer à ses injonctions.

ARTICLE XLV

Toute proposition étrangère à l'ordre du jour devra être rédigée par écrit et déposée sur le bureau ; le président en donnera connaissance à l'assemblée.

ARTICLE XLVI

Toute proposition tendant à modifier les Statuts devra être déposée huit jours au moins à l'avance, entre les mains du Conseil, qui en rendra compte à l'assemblée générale.

ARTICLE XLVII

Tout associé ayant droit d'assister à l'assemblée générale conformément à l'article 41, y sera reçu sur la présentation de son titre et de sa lettre de convocation. Celle-ci sera signée et déposée par lui à l'entrée.

ARTICLE XLVIII

Tout associé ayant droit d'assister à l'assemblée générale pourra s'y faire représenter par un mandataire associé lui-même et porteur d'un pouvoir spécial qui devra être également déposé à l'entrée. Un même Sociétaire ne pourra représenter plus de cinq membres.

ARTICLE XLIX

Chaque associé n'a droit qu'à une seule voix dans les assemblées générales, quel que soit le nombre de ses actions.

Les mandataires des membres absents n'auront droit qu'à une seule voix en sus de la leur, quel que soit le nombre des Sociétaires qu'ils représentent.

ARTICLE L

Les décisions de l'assemblée générale sont prises à la majorité des voix; en cas de partage, la voix du président est prépondérante.

ARTICLE LI

L'assemblée générale, pour se constituer, devra représenter au moins le cinquième du capital versé.

ARTICLE LII

Si les conditions mentionnées à l'article 51 ne sont pas remplies au jour indiqué, l'assem-

blée sera ajournée à quinzaine et une nouvelle convocation sera faite dans les huit
jours qui suivront.

Cette seconde assemblée se constituera
égulièrement, quel que soit le capital représenté.

ARTICLE LIII

L'assemblée générale, régulièrement constituée, représente l'universalité des Sociétaires;
ses décisions engagent tous les associés sans
exception, présents ou absents.

TITRE VI

Inventaires, Répartition et Bénéfices

ARTICLE LIV

Tous les six mois, le 1er janvier et le 1er
juillet de chaque année, la Situation active et
passive sera établie par les soins du Conseil
d'Administration.

ARTICLE LV

Lorsque le bilan se soldera par un excédent, la répartition sera faite de la manière suivante :

1º — 10 o/o au fonds de réserve jusqu'à concurrence de la moitié du Capital Social ;

2º — 80 o/o au travail ;

3º — 10 o/o au Capital (1).

Après que le fonds de réserve aura atteint

(1) Pour expliquer cette répartition qui, au premier abord, paraît sacrifier le capital au travail, nous croyons devoir établir le compte suivant :

Une Société, supposée organisée d'après ces statuts, a fait dans une année avec son capital de 20,000 fr. une somme d'affaires s'élevant à 100,000 fr., se décomposant comme suit :

Emploi de matières premières, bois, fer, etc.. 20,000 fr.
Intérêts du capital social, frais généraux, etc.. 10,000 fr.
Travail ou main-d'œuvre pendant l'année...... 60,000 fr.
Bénéfices nets réalisés........................ 10,000 fr.

Total égal...... 100,000 fr.

La part des bénéfices répartis conformément à l'article 55 des statuts doit être de :

10 % au fonds de réserve, soit...................... 1,000 fr.
10 % au capital-action   «...................... 1,000 fr.
Ce qui produit pour 20,000 fr., 5 pour cent, lesquels ajoutés au 5 o/o déjà payés comme intérêts élèvent le revenu du capital à 10 o/o.
80 % au travail   «...................... 8,000 fr.
— produisant sur 60,000 fr. de main-d'œuvre, un intérêt de 13,33 o/o pour le travail.

Total. ..... 10,000 fr.

— égalant les bénéfices nets réalisés.

Molinari, dans ses études économiques, nous apprend que sur un produit de 100 francs la répartition est en Amérique de 72,75 pour le travail, 25 fr. pour le capital, 2 fr. 25 pour le Gouvernement ; en Angleterre, 56 fr. pour le travail, 21 fr.

son maximum, les 10 o/o qui lui sont affectés seront répartis: 6 o/o au travail et 4 o/o au capital.

ARTICLE LVI

Les ayants-droit des Sociétaires démissionnaires, décédés, rayés ou exclus, n'auront aucun droit sur le fonds de réserve.

ARTICLE LVII

Lorsque le bilan se soldera en déficit, les pertes seront supportées par le fonds de réserve, et en cas d'insuffisance de ce dernier, par part égale entre tous les Sociétaires qui devront alors verser des cotisations régulières jusqu'à l'extinction de l'insuffisance.

au capital, 23 fr. au Gouvernement ; en France 47 fr. au travail, 56 fr. au capital, 17 fr. au Gouvernement.

Nous pensons être plus équitable dans notre distribution. Le produit du capital, qui n'est qu'un outil, un instrument, dont le seul mérite gît dans les mains de celui qui sait s'en servir, doit être ramené à des proportions plus raisonnables.

Nous ne saurions donc trop engager les fondateurs de Sociétés Coopératives de production à ne pas s'écarter des bases que nous indiquons.

ARTICLE LVIII

L'Association en principe ne doit occuper aucun auxiliaire. Cependant si des circonstances exceptionnelles la mettaient dans la nécessité de recourir provisoirement à des travailleurs non associés pour l'exécution de travaux urgents, ces derniers recevraient 50 o/o du dividende attribué par la répartition au travail des sociétaires, le surplus devant faire retour au fonds de réserve.

Le travail devra, autant que possible, être exécuté à la pièce plutôt qu'à la journée.

TITRE VII.

Dissolution, Liquidation et Répartition du fonds de Réserve

ARTICLE LIX

La dissolution de la Société aura lieu de plein droit au terme fixé par l'article 3. Avant ce terme, elle ne pourra avoir lieu que par la volonté des Sociétaires présents à l'assemblée générale convoquée spécialement à cet effet un mois à l'avance.

Cette dissolution ne pourra être décidée qu'autant qu'elle aura été votée à la majorité des trois quarts plus un de tous les membres de la Société.

Aucun Sociétaire ne pourra se faire représenter à cette assemblée.

La convocation d'une assemblée générale extraordinaire ne pourra être provoquée par les sociétaires qu'en cas de perte du quart du Capital Social au moins.

Liquidation

ARTICLE LX

La liquidation qui aura lieu dans les cas prévus par l'article 59 s'effectuera de la manière suivante :

1° Dans le premier cas, l'actif qui restera disponible après l'acquit de toutes les dettes, charges et obligations sociales, et après le remboursement des actions, sera partagé entre tous les sociétaires au prorata de leurs actions; mais si le tiers au moins des membres de la

Société désire la renouveler immédiatement, ils auront le droit de racheter à l'ancienne, au prix d'inventaire, tous les meubles et objets d'exploitation constituant le fonds; le paiement aura lieu au moyen d'obligations émises par la nouvelle Société, en nombre égal aux actions de l'ancienne, et remboursables par annuités et tirage au sort dans un délai qui ne pourra excéder dix années.

2° Dans le second cas de dissolution, l'actif restant disponible sera liquidé et la valeur en sera répartie entre tous les sociétaires comme il est dit au paragraphe ci-dessus, à moins que la majorité des membres dissidents ne donne aux sociétaires persévérants le droit de rachat déterminé par le 2° paragraphe du présent article, ou que ceux-ci n'offrent le rachat immédiat et au comptant de la portion de l'actif Social appartenant aux membres dissidents.

Les veuves, les enfants et les ayants-droit bénéficieront de la part attribuée à leur auteur.

Toute part qui n'aura pas été réclamée dans un délai d'un an et un jour, à partir de la date de la clôture de la liquidation, grossira d'autant l'actif à partager.

Dans le cas où la liquidation ferait ressortir des pertes, elles seraient supportées par les sociétaires au prorata de leurs actions.

La liquidation sera faite par trois liquidateurs au moins, nommés par l'assemblée générale avec les pouvoirs nécessaires.

Par l'association sous les trois formes que nous venons de présenter, il sera facile aux travailleurs d'améliorer leur sort en gagnant plus par la Société de production et en dépensant moins au moyen de la Société de consommation ; mais que de sagesse il leur faudra pour se diriger dans cette voie et combien nous les adjurons de s'instruire, car c'est leur ignorance qui a été en partie cause de l'insuccès de la plupart des sociétés coopératives en France.

Aussi, ne comptons-nous réellement sur l'efficacité de ces institutions que pour la génération nouvelle, celle qui va aujourd'hui à l'école.

LA PRÉVOYANCE

Société de Secours Mutuels

Dès les temps les plus reculés, nous trouvons des traces de l'institution des Sociétés d
Secours mutuels ; ce n'est donc pas une créa·
tion moderne, et, si elle a été impuissante
détruire la misère, il faut reconnaître qu'ell
l'a sensiblement amoindrie. A Athènes, et dan
presque toutes les villes de la Grèce, il existai
des Sociétés de Secours mutuels, connue
sous le nom de Sunodries ou d'Hétéries. Solo
et Théophraste en font mention dans leur
ouvrages. A Rome, il y avait aussi des Société
de gens de métier appelées Sodalitates qu
étaient autorisées et surveillées par les prési
dents des provinces.

Il y a peu de temps, on a trouvé dans de

fouilles faites à Lanuvium, près de Rome, une pierre contenant les Statuts d'une Société, fondée sous Adrien (117 ans après Jésus-Christ). Cette Société faisait payer une prime d'entrée, elle excluait ceux de ses membres qui, pendant un certain temps, négligeaient d'acquitter leurs cotisations ; de fortes amendes étaient prononcées contre ceux qui commettaient des infractions aux Statuts.

Aux premiers temps de la conquête, on comptait déjà des Associations dans les Gaules, et avant Charlemagne, les Gildes, ou corporations, font leur apparition dans le Nord.

Au moyen âge, nous voyons une grande quantité de confréries. Presque toutes étaient dominées par l'esprit religieux plutôt que par la philanthropie : elles s'occupaient du salut des âmes et les fonds dont elles disposaient pour secourir les malheureux étaient dépensés d'une manière arbitraire et n'atteignaient presque jamais le but proposé. Des abus de toute nature se produisirent et plusieurs fois les Souverains durent les interdire par suite du mauvais usage qu'elles faisaient de leurs ressources. Au dix-septièm[e] et au dix-huitième siècles, les Sociétés d[e] Secours mutuels commencèrent à prendr[e] de l'extension, en Angleterre plus particulièrement.

Actuellement, tous les pays civilisé[s] comptent des Sociétés de secours mutuel[s] dont nous allons examiner les origines, l'organisation et le fonctionnement.

Avant de nous occuper des sociétés françaises, que nous étudierons aussi nous allons jeter un coup d'œil sur ces institutions à l'étranger.

En Angleterre. — Le culte des traditions est si grand chez les Anglais que les deux plus grandes associations de leur pays: l'union des *Odd-Fellows,* de Manchester, et l'ordre des *Forestiers,* font remonter leurs origines jusqu'au commencement du monde, tandis qu'il est prouvé que l'ordre des *Forestiers* a été fondé en 1745, à Knaresborough-Castle, et que l'association des *Odd-Fellows* ne remonte pas au delà de 1812.

Les premières associations qui apparaissent dans la grande Bretagne sont les Gildes, qui affectent différentes formes de sociétés de secours mutuels; mais aucune ne pratiquait la mutualité comme nous la comprenons aujourd'hui. Une seule chose est remarquable, c'est que les funérailles y jouaient toujours un rôle important. Ce n'est véritablement qu'à la fin du dix-septième siècle que commencèrent les sociétés de secours mutuels qui existent maintenant sous la dénomination de *Friendly Sociéties*. Des protestants français furent les premiers qui, après la révocation de l'édit de Nantes, fondèrent en Angleterre des associations de ce genre. Chassés de leur pays par le fanatisme religieux, ils sentirent la nécessité de s'unir contre l'infortune et formèrent plusieurs Sociétés de secours mutuels, dont quelques-unes existent encore.

L'exemple donné par ces français ne trouva pas beaucoup d'imitateurs, et ce n'est qu'en 1793 qu'un acte du parlement favorisa et réglementa ces sortes d'institutions qui avaient déjà rendu de grands services. Celles qui avaient obtenu l'autorisation, eurent qualité pour ester en justice et furent exemptées des droits de timbre. C'est donc seulement à partir de cette époque que les Sociétés de secours mutuels acquirent un grand développement, et que différents actes de Georges III, Georges IV, Guillaume IV et Victoria viennent réglementer ces institutions.

On créa à Londres, à Edimbourg et à Dublin des fonctionnaires nommés *régistraires* ou Archivistes des Sociétés de secours mutuels, qui sont chargés d'examiner les Statuts, de voir s'ils sont conformes à la loi et de les approuver s'il y a lieu. Ils doivent surveiller, conseiller, diriger les Sociétés, et tous les ans adresser sur leur situation un rapport au Parlement.

Les Sociétés enregistrées sont tenues de remettre au *Régistraire* la liste des Administrateurs et de lui envoyer, chaque année, un rapport sur leur situation morale, matérielle et financière, signé par deux administrateurs: le Secrétaire, le Trésorier ou un autre Fonctionnaire.

Elles peuvent faire construire, acheter, vendre ou hypothéquer des immeubles de quelque valeur qu'ils soient. Aucun Membre d'une Société enregistrée ne peut toucher une rente annuelle de plus de 750 francs ; s'il fait partie de plusieurs Sociétés et qu'il reçoive d'elles toutes à la fois, jamais ses recettes ne pourront, ensemble, dépasser la somme précitée.

Le Trésorier, Intendant ou Agent-comptable est tenu de fournir un cautionnement et deux répondants solvables, comme garants de sa bonne gestion.

Le nombre des Sociétés enregistrées n'était, en 1862, que de 5.062.

Il est fort difficile de connaître le nombre exact des individus qui appartiennent à des Sociétés de secours mutuels. La quantité des Sociétés existantes aujourd'hui peut être évaluée à 23.000, comprenant environ 2.300.000 membres, ce qui donne à peu près la proportion de 1 Sociétaire sur 8 habitants. Malgré cette immense proportion, la mutualité n'a pas produit, dans ce pays, tous les bons résultats qu'on pouvait espérer : cela tient à la mauvaise organisation de beaucoup de Sociétés, qui généralement, dépensent en fêtes, repas et boissons, des fonds dont elles pourraient faire un plus digne et plus utile emploi.

En Belgique. — En l'an 750, les provinces belges connaissaient déjà les Gildes, qui, au moyen de cotisations individuelles, formaient un capital de guerre, dans le but de résister à l'oppression, mais dont elles se servirent aussi pour soutenir entre corporations des luttes regrettables.

Au moyen âge, les maîtres et les ouvriers travaillaient et vivaient ensemble; l'autorité était paternelle, quelquefois même la bourse était commune; depuis, la fortune des patrons a considérablement augmenté la distance qui existe entre eux.

Les marins, les pêcheurs et les mineurs furent les premiers qui organisèrent des Sociétés de Prévoyance pouvant répondre à leurs besoins.

Plus tard, les ouvriers de chemins de fer créèrent aussi une Caisse de Retraites et de Secours.

Des arrêtés royaux, en 1842 et 1848, créèrent des Caisses de Prévoyance pour les instituteurs primaires, puis d'autres Sociétés se fondèrent sous l'approbation de l'autorité.

De grands établissements industriels formèrent également des Caisses de secours particulières aux employés et ouvriers de ces établissements.

Il est à remarquer que ces Associations sont généralement formées entre gens de même profession ; quelques-unes ont pour but de procurer, outre le secours en cas de maladie, des outils et des métiers à ceux qui en ont besoin.

En Belgique, comme en France, et un peu comme partout où il en existe, les Sociétés ne pourvoient aux frais de maladie que pendant une période qui, d'ordinaire, n'excède pas six mois ; après cette période, on abandonne les malheureux qui ont d'autant plus besoin de secours que, pendant leur longue maladie, ils ont épuisé toutes leurs ressources. Cet abandon est monstrueux d'inhumanité et d'ingratitude. Comment ! un ouvrier honnête et laborieux fait partie d'une Société pendant 10 ans ; il lui a apporté, en ce laps de temps, son concours moral et matériel ; il tombe malade, on lui donne des soins pendant trois mois ; la maladie continuant toujours, on commence à lui diminuer les soins ; puis, comme trois mois plus tard, il est encore malade, on l'abandonne et, parce qu'il n'a pas pu payer ses cotisations, on le raye de l'Association. Nous convenons qu'une Société de secours mutuels n'est pas un établissement de bienfaisance, mais c'est une Société fraternelle et philanthropique dont tous les membres doivent être solidaires.

Nous trouvons que les fondateurs de Sociétés ont trop copié leurs devanciers dans la rédaction de leurs Statuts et ne se sont pas assez rendu compte de cette anomalie. Nous comprenons qu'il est du devoir d'une Association de secours mutuels de s'entourer de toutes les précautions que commandent ses intérêts, avant d'admettre un de ses membres ; mais, une fois admis, elle ne doit jamais l'abandonner quand l'adversité le frappe.

La loi Belge du 3 avril 1851 sur les Sociétés de secours mutuels défend expressément à ces Sociétés de garantir des pensions de retraite.

Cette loi est sage, quant à présent, car des

Sociétés qui comptent en général peu de membres, qui ont des cotisations trop minimes, et qui ont, comme en Angleterre, la mauvaise habitude de dépenser en fêtes et repas la plus grande partie de leurs économies, ne peuvent rien espérer de l'avenir.

En Allemagne. — La Prusse et tout l'empire allemand, comptent des Caisses de pensions de retraite, dont diverses ordonnances ont approuvé les statuts.

Des Sociétés d'assistance mutuelle, qui prennent des abonnements dans les hôpitaux pour leurs malades et leurs vieillards, existent également; d'autres passent des contrats avec certains marchands qui, dans l'espoir d'une clientèle nombreuse, consentent à faire sur le prix de leurs marchaudises des rabais assez considérables; les Sociétaires payent leurs achats avec des jetons que leur délivre le caissier social, et que celui-ci rembourse en espèces aux détaillants.

A partir de 1524, il y avait déjà des Caisses fraternelles pour les ouvriers employés dans les forêts.

Les mineurs ont aussi une grande

quantité do Sociétés de ce genre, qui ne se préoccupent que des soins à donner en cas de maladie, et des secours aux veuves.

L'industrie manufacturière compte, en assez grand nombre, des Associations qui ont des caractères différents. Les unes sont formées par les patrons d'une ville qui font une retenue aux ouvriers, et les autres sont instituées par les ouvriers et administrées par eux ; leurs Statuts sont approuvés par le Gouvernement.

En somme, la Mutualité n'a pas en Allemagne une très grande importance.

L'Autriche, elle aussi, a des Sociétés de prévoyance organisées et administrées comme celles d'Allemagne, dont elles ont d'ailleurs, en partie, le même esprit, les mêmes mœurs et la même langue.

La Hollande compte beaucoup de Sociétés de secours mutuels fondées sur les mêmes types que celles d'Angleterre. Mais l'effectif de chaque Société est beaucoup plus considérable ; elles attachent une très grande importance aux funérailles ; quelques-unes même n'ont pas d'autre objet. Les caisses de veuves, particulièrement, sont très nombreuses. Le Gouvernement les surveille et les protège.

La Suède possède quelques Sociétés de forgerons, où les patrons paient une cotisation double de celle des ouvriers.

L'Italie et la Suisse ont aussi des Associations de secours mutuels ; elles sont livrées à elles-mêmes, le Gouvernement ne s'en occupe pas.

La Russie compte peu de Sociétés de secours mutuels ; ce n'est guère que dans les grandes villes qu'on en trouve, et encore sont-elles plutôt des Sociétés coopératives que des Sociétés de secours mutuels proprement dites. Comme en Allemagne, elles facilitent à leurs membres les moyens de se procurer à meilleur marché les objets de première nécessité.

Les Etats-Unis apportent également leur contingent à la Mutualité. Les Sociétés instituées dans ces pays sont généralement formées entre étrangers de même nation. Elles ne sont pas soumises à des règles fixes, les secours qu'elles donnent sont facultatifs et, le plus souvent, elles pourvoient au rapatriement de leurs nationaux.

De l'examen que nous venons de faire, il résulte que la Mutualité, qui n'est pas nouvelle, est maintenant admise partout en principe. Il ne s'agit donc plus maintenant que d'en faire une grande et sage application.

Les Sociétés de secours mutuels, a-t-on dit, ne sont pas un remède contre la misère, puisque les pays qui en possèdent le plus sont précisément ceux où il y a le plus de malheureux. Cet argument spécieux n'est pas sérieux, car rien ne prouve que les pays qui ont tant de malheureux n'en auraient pas davantage, s'ils n'avaient pas de Sociétés de secours mutuels. C'est précisément la misère qui les a obligés à s'unir pour lutter contre elle. Les peuples heureux n'éprouvent pas ce besoin. Puis, l'institution, parfaitement bonne au fond, peut ne pas avoir été bien comprise et n'avoir point, par conséquent, produit tous les bons résultats qu'on peut en attendre; ce qui ne doit pas être un motif pour la condamner, mais bien au contraire, une raison pour la perfectionner.

En France. — Les Sociétés de secours mutuels ne prirent de l'importance qu'après la Révolution, qui renversa les jurandes et les maîtrises.

Elles sont placées sous la surveillance et la direction de l'Etat, et sont divisées en trois classes, comme suit :

1° Les Sociétés reconnues comme établissements d'utilité publique, en vertu de la loi du 15 juillet 1850, qui ont seules le privilège de posséder, d'acquérir et de recevoir, par legs ou donations, des biens, meubles ou immeubles quelle qu'en soit la valeur ;

2° Les Sociétés approuvées en vertu du décret du 20 mars 1852, qui n'ont que la faculté, plus restreinte, de prendre des immeubles à bail, de posséder des objets mobiliers et de recevoir, avec l'autorisation du Ministre de l'Intérieur pour le département de la Seine, et du Préfet pour les autres départements, des dons et legs mobiliers dont la valeur n'excède pas 5.000 francs ;

3° Les Sociétés privées qui n'ont besoin pour se constituer que de l'autorisation préfectorale, et n'ont que le droit de faire des dépôts aux Caisses d'épargne jusqu'à concurrence de 8,000 francs.

Espérons que la loi sur les Sociétés de secours mutuels, en discussion au Parlement, supprimera toute cette réglementation et laissera aux Sociétés de prévoyance la liberté de se mouvoir sans entraves.

Les Associations de secours mutuels sont de deux sortes: celles qui sont composées d'individus de toutes les professions et celles qui, au contraire, ne sont formées que de personnes du même état ou d'une même corporation.

Les premières sont les plus nombreuses et sont, du reste, les seules possibles dans les petites localités. Elles n'offrent ordinairement que des secours médicaux et pharmaceutiques, et des indemnités en cas de maladie.

Les secondes, qui n'ont leur raison d'être que dans les grands centres, donnent souvent de plus que les premières, des retraites à leurs vieillards, et procurent du travail à ceux de leurs membres qui en sont dépourvus. Ce dernier secours est assurément le plus moral, le plus digne et le plus efficace de tous; aussi conseillons-nous aux Sociétés de l'organiser le plus largement possible.

Un certain nombre d'Associations ne donnent que l'indemnité de journées de maladie, sans le Médecin ni les médicaments; d'autres, les secours médicaux, sans indemnité. Dans quelques-unes, le secours consiste dans la culture et la récolte des terres du Sociétaire malade, par les mains des associés; plusieurs ont une double caisse: l'une pour faire soigner les malades, l'autre pour faire des prêts aux valides qui ont à pourvoir à des dépenses imprévues.

Les charges d'une Société vont en augmentant pendant quarante ans environ, parce que ses membres en vieillissant ont plus de maladies et d'infirmités qui, naturellement, élèvent les frais médicaux, pharmaceutiques et funéraires; de même que les indemnités pécuniaires deviennent plus considérables, le nombre des pensions de retraites s'accroît.

Ce n'est donc qu'après avoir passé cette période, alors que la moyenne de l'âge de ses membres, par conséquent la moyenne de ses dépenses, devient à peu près fixe, qu'elle peut asseoir ses calculs.

La France comptait le 1er janvier 1886, 7,969 Sociétés comprenant un effectif de 1,286,490 Sociétaires (1) dont le capital s'élevait à 136,909,001 francs 30 centimes. C'est donc 1 Sociétaire sur 30 habitants environ, proportion très insuffisante et bien inférieure à celle de l'Angleterre, qui compte 1 Sociétaire sur 9 habitants.

Dans la combinaison que nous exposons en vue de la solution de la question sociale, les Sociétés de secours mutuels doivent aussi, comme on le voit, occuper une place importante.

Quand les ouvriers se seront associés pour payer moins cher les objets qui leur sont nécessaires, qu'ils se seront constitués leurs propres banquiers et qu'ils seront devenus producteurs à leur compte, ils augmenteront encore leurs garanties de bien-être en s'assurant contre les maladies et même contre le chômage, au moyen des Sociétés de secours mutuels qu'ils négligent trop par insouciance ou pour tout autre motif non moins blâmable.

(1) La progression s'est accentuée en 1886 et 1887 dans une grande proportion, de telle sorte que le nombre des membres de Sociétés de secours mutuels était au 1er janvier 1888 de 1,400,000 environ.

Nous ne laisserons pas passer cette occasion de signaler l'insuffisance des retraites que les Sociétés de secours mutuels fournissent à leurs membres âgés.

Le rapport du Ministre de l'Intérieur au Président de la République, pour l'année 1886, constate que la moyenne des retraites concédées pendant cette année a été de 72 fr. 39. Sérieusement, est-il possible de considérer comme retraite une pareille somme ?

Le vieillard qui est dans l'impossibilité de travailler, peut-il vivre avec une semblable pension, s'il n'a pas d'autres ressources ? Non! Les associations de prévoyance ne doivent pas se faire d'illusions: leurs retraites ne sont encore que des secours et ne peuvent servir qu'à faire un appoint et aider un pauvre vétéran du travail à ne pas être trop malheureux dans l'hôpital où il sera obligé de finir ses jours.

Ce n'est donc pas là que nous trouverons le moyen d'assurer à la vieillesse une fin digne et indépendante ; c'est dans l'assurance que nous devons le chercher.

L'Assurance

La pensée de se prémunir contre un évènement malheureux, un préjudice quelconque, est aussi ancienne que le monde, et nous en trouvons l'application dans l'antiquité, par l'assurance sur la vie contre les accidents de mer, l'incendie, etc.

L'Assurance est un contrat par lequel deux parties se lient : l'une, moyennant une somme qu'elle stipule, s'engage à garantir l'autre de la réalisation de certains faits, ou de certains périls ou risques auxquels elle est exposée.

S'assurer, c'est prévoir, et la prévoyance est synonyme de sagesse. Il est donc désirable, au point de vue du bien-être général, que le système des Assurances se développe sur la plus grande échelle possible, et qu'il s'applique à toutes les éventualités.

C'est par l'Assurance que les hommes peuvent se préserver de la misère causée par les accidents, les infirmités précoces, ou qu'ils abriteront leurs vieux jours; c'est grâce à elle, enfin, qu'ils allègeront leurs peines et cicatriseront cette plaie hideuse qui les dévore : le Paupérisme.

Les Assurances peuvent être divisées en trois grandes classes :

1o — Assurances maritimes;

2o — Assurances terrestres (incendie ou autres accidents) ;

3o — Assurances sur la vie.

Nous allons fournir quelques détails sur chacune d'elles et voir l'importance qu'elles doivent avoir dans notre organisation sociale.

ASSURANCES MARITIMES

L'assurance maritime, qui n'a qu'un intérêt secondaire pour la solution du problème que nous cherchons à résoudre et sur laquelle d'ailleurs nous allons passer rapidement, a pour objet de garantir l'expéditeur d'un navire contre les risques de mer de toute nature. L'assureur s'engage à rembourser à l'assuré le montant des pertes ou avaries que ce dernier pourra éprouver. La prime à payer varie en raison de la longueur du voyage, des dan-

gers à courir, de la solidité du bâtiment, du
mérite du capitaine et de la nature de la car-
gaison.

Cette classe d'assurances est régie en
France par l'article 332 du Code de commerce.

Les assurances maritimes ont été pratiquées dans des temps très reculés. Nous les
retrouvons au moyen-âge à Amsterdam, Bar-
celone, et autres villes célèbres par leur commerce. Vers 1560, il en existait plusieurs à
Londres, et aujourd'hui il n'y a pas de ville
maritime un peu importante qui n'en compte
un certain nombre.

Assurances Terrestres

Cette classe comprend les assurances
contre l'incendie, la grêle, les accidents, les
épizooties, etc.

L'assurance contre l'incendie est la plus
répandue et occupe le premier rang. C'est à
Londres, en 1684, que la première assurance
contre l'incendie fut fondée. Quelques essais
furent tentés en France il y a une centaine

d'années, mais ce n'est véritablement qu'à partir de 1816 que ce genre d'assurances s'est établi chez nous.

Dans celles-ci comme dans les assurances maritimes, l'assureur doit, pour la fixation de la prime, tenir compte des circonstances multiples dans lesquelles se trouvent placés les objets assurés; il établit une classification de tous les cas particuliers de risques pour servir de base aux primes à payer, lesquelles sont déterminées par deux éléments: la valeur de l'objet et les risques d'incendie auxquels il est exposé.

Ces assurances sont à prime fixe ou variable.

Dans le premier cas, la Compagnie, au moyen d'un capital de garantie, s'engage à faire face aux sinistres; dans le second cas ce sont les souscripteurs eux-mêmes qui se garantissent réciproquement les dommages; la répartition en est faite entre eux, au prorata de la valeur assurée; en outre, une légère rétribution est prélevée sur chacun des associés pour le remboursement des frais généraux.

Le dernier système, qu'on nomme la Mutualité, a l'avantage d'exclure toute idée de spéculation et de ne faire payer aux assurés que la contribution exactement proportionnelle aux désastres à réparer.

Les Compagnies assurent le risque locatif et le recours du voisin, c'est-à-dire que l'assureur en cas d'incendie couvre la responsabilité de l'assuré chez lequel le feu a pris, tant à l'égard du propriétaire qu'à l'égard des autres locataires de la même maison.

L'assureur ne garantit l'assuré que contre la perte réelle éprouvée ; les assurés ne doivent donc pas exagérer l'estimation des objets qu'ils assurent : ils paieraient une prime plus élevée qui ne profiterait qu'à la Compagnie dont les risques n'augmenteraient pas.

Les Assurances contre la grêle, les accidents, les épizooties, etc., sont établies sur des bases moins fixes et moins certaines que celles qui ont pour effet de garantir contre l'incendie ou la vie, parce que les statistiques et la science leur font encore défaut et qu'elles sont, par suite, exposées à des mécomptes.

Assurances sur la Vie

Cette espèce d'assurances comprend deux genres de contrats qui, quoique différents, sont basés sur les mêmes principes : Assurance en cas de mort et Assurance en cas de vie.

1° *Assurance en cas de mort.* — Dans les contrats de cette nature, l'assureur, au moyen de versements d'une somme déterminée ou de paiement annuel d'une prime, garantit un capital ou une rente payable à la mort de l'assuré, à ses héritiers ou à toutes autres personnes désignées par lui. Dans ce cas, l'Assurance ne produit son effet qu'au décès de l'assuré ; elle ne lui profite pas personnellement ; elle lui procure seulement la satisfaction de savoir que ceux dont il est le soutien et qui perdraient à sa mort toutes leurs ressources, posséderont une rente ou un capital dont le chiffre sera proportionné aux versements qu'il aura faits à la Compagnie d'assurances.

La rente ou le capital, ainsi assuré, est dû par la Compagnie du moment où elle a touché soit la somme fixe, soit la première annuité convenue, et elle est tenue de payer le montant de l'Assurance au décès de l'assuré.

L'Assurance en cas de mort peut se contracter de trois façons différentes : *pour la vie entière,* c'est-à-dire pour toute la durée de l'existence de l'assuré ; *temporaire,* c'est-à-dire pour un temps déterminé ; *de survie,* pour le cas où une personne désignée survivra à l'assuré.

L'Assurance sur la vie entière a pour caractère l'invariabilité de la prime annuelle qui est fixée d'avance en raison de la somme assurée et de l'âge de l'assuré. Ainsi, par exemple, un homme âgé de 30 ans voulant assurer, de cette manière, à ses héritiers une somme de 10,000 francs exigible à son décès, doit payer pendant toute sa vie une annuité de 249 francs ou un paiement unique de 3999 fr. 10.

- Les conditions de l'Assurance *temporaire* sont les mêmes que celles de l'Assurance sur la vie entière ; seulement, si l'assuré est vivant lorsque le terme convenu est expiré, la Compagnie est libérée vis-à-vis de lui de toute obligation, c'est-à-dire qu'un individu, âgé de

20

40 ans, craignant de ne pas vivre assez long-temps pour mener à bonne fin une entre-prise dont il espère la fortune pour lui et ses enfants, et ne voulant cependant pas laisser ces derniers dans l'embarras au cas où il vien-drait à mourir avant la réalisation de ses pro-jets, fait assurer sur sa vie, pour une période de 10 ans, une somme de 100,000 francs pour laquelle il aura à payer chaque année 2.120 fr. Si l'assuré est encore vivant à l'expiration de ce terme, il aura versé, sans profit pour lui ni pour les siens, un capital de 21,200 francs qui reste acquis à la Compagnie, en raison des risques qu'elle a courus ; mais si, au con-traire, il vient à décéder pendant cette période de 10 ans, ses héritiers toucheront 100,000 fr. De cette façon, qu'il meure avant d'atteindre son but ou qu'il y parvienne, la fortune de ses enfants est assurée.

Dans *l'assurance sur la vie*, l'assureur s'en-gage à payer un capital ou une rente à une personne désignée par l'assuré, mais dans le cas seulement où cette personne survivrait à l'assuré. Un fils âgé de 30 ans étant le seul soutien de sa mère, âgée de 60 ans, veut dans le cas peu probable où il viendrait à mourir avant elle, lui assurer une rente viagère de 1000 francs pour la mettre à l'abri de la misère : à cet effet il devra payer une prime annuelle de 116 francs. Si la mère meurt avant le fils, les primes que celui-ci a versées sont acquises à la compagnie. Si, au contraire, la mère survit, elle touchera jusqu'à sa mort la rente annuelle de 1000 francs.

2° *Assurance en cas de vie :* Cette classe d'assurances est bien différente de celles qui sont faites en cas de mort, lesquelles sont toujours subordonnées au décès de l'individu assuré et ne peuvent profiter qu'à ses héritiers.

Dans l'assurance en cas de vie, au contraire, c'est l'assuré lui-même qui profite de l'assurance. De toutes les assurances en cas de vie, ce sont celles qui ont pour but la création de rentes viagères payables pendant toute la durée de la vie, qui sont les plus répandues, parce que le rentier qui fait dans cette opération l'abandon complet de son capital en échange de la rente qu'on lui sert, ne trouverait pas un emploi plus avantageux de son capital, s'il en conservait la propriété. C'est ce qu'on est convenu d'appeler un placement à fonds perdu.

Les rentes viagères se divisent en trois classes : rentes viagères sur deux têtes ; rentes viagères simples ; rentes viagères différées. Une rente viagère constituée sur deux têtes revient en totalité ou en partie, suivant les conventions établies avec l'assureur, à celui des deux rentiers qui survit à l'autre. Ainsi, un homme âgé de 60 ans, marié à une femme de 50 ans, verse à une compagnie une somme de 20.000 francs. Deux ou trois ans après ce versement, la femme meurt ; le mari veuf jouit de la même rente jusqu'à sa mort.

Les rentes viagères simples se constituent par le versement de sommes quelconques à une compagnie d'assurances. La rente servie par celle-ci est d'autant plus considérable que la somme payée est plus élevée et que l'âge de l'assuré est plus avancé. Un homme âgé de 60 ans, possédant une somme de 11.000 francs, peut à l'aide de ce moyen se constituer une rente annuelle de 1046 fr. 10.

La constitution d'une rente viagère diffé-

rée s'obtient indifféremment par le paiement
d'une prime annuelle ou par le versement
d'un capital dont on consent à ne pas recevoir la rente pendant un temps fixé. Ce temps
expiré, l'assuré touche une rente viagère qui
rentre dans les conditions générales des rentes viagères simples.

Ce genre d'assurances convient particulièrement aux personnes qui vivent de leur
travail ou de leur industrie ; qui n'ont pas un
besoin immédiat de leur capital et qui veulent se prémunir contre les infirmités et la
vieillesse. La caisse des retraites instituée par
l'Etat est absolument basée sur le principe
des rentes différées.

En dehors des opérations que nous venons
d'indiquer sur les assurances relatives à la
vie humaine, il existe des sociétés d'assurances sur la vie fondées sur le principe de
la mutualité. C'est sur cette base qu'a été créée
à Londres, en 1706, la première assurance
sur la vie. Le principe de la mutualité offre
plus d'avantages aux assurés qu'une compagnie propriétaire à primes, bien que son
application soit plus difficile et n'ait donné

jusqu'à présent que des résultats moindres, par suite probablement d'une organisation mal comprise.

Nous préférons l'assurance mutuelle parce que si elle est bien administrée, les assurés profiteront des bénéfices, généralement considérables, que réalisent les compagnies à l'aide de différents moyens, notamment celui-ci : pour calculer les sommes qui doivent lui être payées, elles se servent des tables de Duvillard, qui donnent une mortalité rapide. Quand, au contraire, il s'agit des sommes qu'elles auront à rembourser, elles prennent pour base les tables de Deparcieux, qui donnent une mortalité plus lente.

Un autre système a été imaginé pour combiner les avantages des deux principes, c'est l'assurance mixte, mode d'après lequel les assurés participent dans une certaine proportion aux bénéfices de la compagnie sans jamais devenir solidaires des pertes qu'elle pourrait éprouver. Ce mode a pour résultat, soit de diminuer les primes, soit d'augmenter le capital, les primes restant les mêmes.

L'importance des services que les assurances en général sont appelées à rendre, a été si bien comprise, que le 11 Juillet 1868 une loi en a consacré le principe par la création d'une caisse d'assurances en cas de décès ou d'accident, administrés et garantie par l'Etat.

Cette caisse est accessible à tous, elle assure même les militaires en activité de service contre les accidents de guerre, ce que ne font pas les compagnies. Dans aucun cas, l'indemnité à payer après le décès de l'assuré ne peut excéder la somme de 3,000 francs.

Le législateur ayant voulu que cette institution pût profiter à tous les sujets français jusque dans les communes les plus éloignées, a chargé les receveurs généraux, particuliers, municipaux et des postes de rédiger les contrats et de percevoir les primes ; il a, de plus, dispensé des droits de timbre et d'enregistrement tous les actes relatifs à cette caisse, qui sont délivrés gratuitement.

Malheureusement, l'existence de cette assurance est à peu près ignorée de tout le monde et particulièrement des fonctionnaires qui y sont préposés. Aussi n'a-t-elle donné aucun résultat appréciable, sinon d'établir l'incapacité des administrateurs chargés d'organiser ce service public. Pourquoi donc toutes les compagnies d'assurances, certainement moins avantageuses pour les assurés, prospèrent-elles tandis qu'un établissement similaire géré par l'Etat est délaissé ?... C'est probablement parce que le gouvernement ne distribue les emplois dont il dispose que comme des faveurs et ne se préoccupe pas suffisamment de la valeur et des aptitudes de ceux auxquels il les accorde. Si l'Etat croit devoir se faire assureur, qu'il fasse comme les compagnies: qu'il prenne de bons directeurs et de bons inspecteurs d'assurances, alors il réussira.

Nous pensons avoir suffisamment démontré qu'avec tous ces différents systèmes d'assurances, les hommes possèdent les moyens de se garantir contre les évènements fâcheux qui peuvent les frapper dans presque toutes les circonstances de la vie.

De ces diverses formes d'assurances qui toutes ont une utilité incontestable et doivent contribuer à la sécurité de l'avenir, c'est celle qui permet de constituer une rente viagère pour nos vieux jours : *La Caisse des retraites pour la vieillesse,* qui appelle le plus notre attention.

La nécessité de mettre la vieillesse à l'abri du besoin est si évidente que tous les esprits politiques s'en préoccupent et cherchent la solution du problème.

Depuis longtemps déjà, des hommes considérables ont étudié la question sans la résoudre. Les uns prétendent qu'obliger un individu à un versement quelconque, pour garantir ses vieux jours, c'est attenter à sa liberté individuelle ; les autres pensent, et nous sommes de ce nombre, que si l'on n'impose pas ce versement, il sera rarement effectué ; qu'il ne suffit pas de s'adresser à la raison, il faut aussi vaincre l'inertie et l'indifférence qui sont les principales causes de la misère de la plupart des travailleurs.

Toutes les fois qu'on laissera à un ouvrier la faculté de verser ou de ne pas verser, une somme dont il ne profitera que dans un temps éloigné, ou dont il pourra même ne pas profiter du tout, s'il vient à décéder avant d'avoir atteint la vieillesse, il est à peu près certain qu'il donnera de préférence satisfaction à d'autres besoins plus immédiats et, pour lui, plus apparents.

Nous estimons qu'avant toute autre considération, il faut examiner s'il est nécessaire, moral et humain, de garantir aux vieillards et aux infirmes la vie matérielle; si oui, la société doit assurer l'exécution de cette mesure d'un intérêt supérieur et ne pas s'arrêter devant la crainte d'entraver la liberté individuelle dont l'élasticité est si grande que chacun l'allonge ou la raccourcit suivant les besoins qu'il en a.

La liberté ne doit pas être confondue avec l'indépendance absolue qui n'admet pas de loi; elle doit être limitée. Certains philosophes l'ont définie et divisée en plusieurs espèces, au nombre desquelles se trouvent la liberté sociale et la liberté naturelle. La liberté sociale rencontre partout des obstacles qui varient suivant la sphère d'action dans laquelle s'exerce l'activité humaine et se trouve soumise aux lois qui régissent les Sociétés. La liberté naturelle, c'est le pouvoir qu'a un individu, indépendant de tout état social, de faire ce qui lui plaît. Or, cette dernière liberté est

impossible pour l'homme vivant dans u[n]
société civilisée. Nous ne pouvons donc joui[r]
dans notre état actuel, que de la liberté social[e]
celle qui est subordonnée aux lois édicté[es]
dans l'intérêt commun, et qui ne peuvent ét[re]
considérées comme attentatoires à la libert[é]

La misère est une calamité contre laquel[le]
une nation doit se garantir comme des i[n]
vasions, de l'ignorance et autres plaies sociale[s]
et si nous demandons l'obligation, c'est que [la]
faculté, dont nous avons fait l'expérienc[e]
est loin d'avoir produit tous les bons résulta[ts]
qu'on en espérait. En effet, depuis juin 185[ ]
que la Caisse des retraites pour la vieil[ ]
lesse fonctionne, il n'y a eu que 700.00[0]
déposants environ, ayant versé ensembl[e]
251.522.800 fr. 01, représentant pour chacu[n]
d'eux une moyenne de 359 fr. 31; et si l'on veu[t]
bien considérer que les trois quarts, au moin[s]
de ces déposants appartiennent à des compa[ ]
gnies de chemins de fer ou autres administra[ ]
tions qui, sagement, obligent leurs employés [à]
des versements qu'elles effectuent pour eux[ ]
nous ne trouvons plus que 175.000 déposant[s]
libres, soit la proportion de 1 sur 211 habitants

Ces chiffres nous paraissent concluants et constituent la critique la plus sérieuse qu'on puisse faire de la liberté des versements.

M. Emile de Girardin, un des premiers, a proposé un système de caisse des retraites pour la vieillesse, basé sur l'assurance, qu'il appelle le *décime universel*. Ce système n'a rien de nouveau: c'est l'assurance en cas de vie (rentes viagères différées) que nous avons indiquée ci-dessus sous la forme mutuelle, avec un versement uniforme pour tous les assurés; 10 centimes par journée de travail, 2 fr. 50 par mois ou 30 fr. par an. A ce système, nous préférons encore l'assurance pratiquée actuellement; elle laisse au moins à l'assuré la faculté de s'assurer pour la somme qui lui convient, puis elle est nécessible à tout le monde, elle n'est pas exclusive, elle est plus large et n'établit pas de classes sociales différentes ; celui qui ne travaille pas à la journée peut aussi s'assurer, car il n'y a pas que les ouvriers qui deviennent pauvres en vieillissant. M. Emile de Girardin, fanatique défenseur de la liberté, n'a pas cru pouvoir imposer l'obligation dans son projet, et pourtant ce n'est qu'à cette con-

dition qu'il serait réalisable et qu'il constitue-
rait une innovation. M. Emile de Girardin a
signalé un vice, il n'a pas indiqué le moyen
radical de le faire disparaître ; son système
est défectueux parce qu'il repose sur la faculté
de verser et l'inégalité des conditions sociales.

M. Martin Nadaud et plusieurs de ses col-
lègues de la Chambre des députés ont proposé
une loi tendant à créer une caisse nationale
de retraites pour les vieux ouvriers de l'industrie et de l'agriculture. Pourquoi pour les ouvriers de l'industrie et de l'agriculture seulement ? Et les autres travailleurs, que
deviendront-ils ? Qu'entend-on par ouvriers ?
Où commence cette qualité et où finit-elle ?
Quelle sera la situation des ouvriers qui
deviendront patrons et des patrons qui deviendront ouvriers, et cette quantité innombrable
de gens qui ne sont ni ouvriers ni patrons et
qui, pourtant, travaillent pour vivre et contri-
buent, par leur part d'activité, à la prospérité
du pays, qu'en fera-t-on ? Les délaissera-t-on
pour ne s'occuper que d'une partie de la population, intéressante, sans doute, mais qui
n'incarne pas la nation toute entière, et ne

serait-il pas à craindre que nous fussions in-
justes et mal inspirés en créant des inégalités
chez nous, où l'égalité est une aspiration et
un principe fondamental de notre droit.

La Révolution a aboli les privilèges, détruit
les castes; nous ne saurions, aujourd'hui, en
demander le rétablissement par la création
de catégories d'individus; telle ne peut être
la pensée de nos législateurs. La France est
une grande nation qui doit rester à la hauteur
de son génie; ses institutions ne peuvent être
ni étroites, ni incomplètes, et si nous demandons pour ceux qui travaillent aux champs
comme à la fabrique le droit de ne pas mendier ou mourir de faim quand ils seront vieux
ou infirmes, réclamons-le pour tout le monde;
imposons à tous la prévoyance si nous la
jugeons nécessaire au bonheur du peuple, et,
à côté du droit pour tous, plaçons l'obligation
pour tous.

Dans ces conditions, nous ferons quelque
chose de vraiment digne de notre pays qui a
toujours marché au premier rang dans la voie
du progrès et de la civilisation; autrement,
nous n'aurions qu'une loi injuste et d'exception

qui favoriserait une partie de la population et froisserait l'autre.

Le projet de MM. Martin Nadaud et consorts est donc incomplet aussi et ne peut donner la satisfaction que nous désirons ; cependant il réalise un progrès sur celui de M. Emile de Girardin, car s'il fausse le principe de l'égalité, il consacre celui de l'obligation du versement.

Un autre projet tendant à la création d'une caisse nationale de retraites civiles par l'économie obligatoire a également été présenté sous forme de vœu, au conseil général de la Seine, par un de ses membres, M. Jacquet.

Après un examen qui a duré environ quatre ans, ce projet a été repoussé, sous le prétexte qu'il est attentatoire à la liberté, à cela l'auteur a répondu, que nul commerçant ou industriel ne peut exercer sa profession en France sans payer une patente ; qu'un individu n'a pas le droit d'habiter quelque part sans payer une cote personnelle, que partout enfin, il est enlacé par les mille tentacules de l'impôt ; que le jeune homme est obligé de sacrifier quelques unes des

plus belles années de sa vie, et souvent
sa vie même, pour défendre l'Etat, la Société,
et que l'impôt désigné sous le titre de
l'économie obligatoire qu'il propose, serait au
moins autant justifié et n'attenterait pas plus
à la liberté de l'individu que les autres
impôts, sur lesquels il aurait même l'immense
avantage de faire retour aux imposés avec
une plus value considérable, tandis qu'on
ne revoit jamais les autres !

Certains économistes ont prétendu que la
réalisation de cette proposition serait le
despotisme renouvelé sous une forme moderne, que l'individu serait absorbé par
l'Etat, que l'initiative individuelle serait détruite, que cette tentative se rattache au
communisme qui voudrait remplacer la libre
action des citoyens dans leurs affaires privées
par l'action de l'Etat, et qu'elle est contraire
à la paix et à la propriété du travail.
Erreur profonde, toutes ces allégations, tous
ces grands mots à effet ne prouvent rien,
sinon que ceux qui s'en servent pour combattre ce projet n'ont pas étudié sérieusement
la question, qu'ils ne l'ont pas creusée à fond

et qu'ils se préoccupent bien davantage de ses résultats politiques, qu'ils redoutent, que de son but humanitaire.

Nous avons beau chercher, nous ne voyons vraiment pas comment notre Société serait bouleversée, détruite, parce que, par suite d'une sage mesure, nous n'aurions plus de pauvres vieillards, et ils sont nombreux, dans la nécessité de mendier ce que l'ordre et l'économie auraient dû leur procurer.

Dans l'état actuel, avec la liberté de ne rien faire et d'être malheureux que revendiquent si hautement ces économistes amateurs, nous avons une population de paresseux, d'ivrognes et de mendiants, nourris et entretenus par la masse sociale sous forme de charité privée et d'assistance publique.

Dans une Société bien organisée, personne ne doit vivre aux dépens d'autrui : En dehors de la duperie, dont il faut se défendre, il y a la dignité qu'il faut sauvegarder. Quand il n'y aura plus autant de misérables, il y aura moins d'hypocrisie, moins de subordination vis-à-vis des puissants, partant plus de grandeur dans les caractères.

22

Pour bien juger les questions de cette nature, il faut avoir vécu dans le milieu des gens qui sont obligés de travailler pour vivre, avoir été soi-même aux prises avec les difficultés matérielles de la vie et appartenir à la classe ouvrière, en bien connaître les besoins, les qualités et les défauts; aussi, la Commission nommée dans le sein de la Chambre des députés pour examiner la proposition de M. Nadaud a-t-elle été heureusement inspirée en formant une enquête et en appelant à elle toutes les personnes susceptibles, par leur situation, de lui fournir d'utiles renseignements.

Le projet de M. Jacquet, à part quelques questions de détail, nous paraît se rapprocher le plus de ce que nous désirons; il est bien fondé sur l'obligation et l'universalité, c'est-à-dire que tout le monde serait tenu de payer ce que nous appellerons avec M. Emile de Girardin, l'impôt-assurance, mais il étend trop loin le niveau égalitaire, en demandant un versement uniforme pour tous; il ne tient pas compte des besoins individuels et des satisfactions qu'ils exigent, lesquels sont modifiés et pour ainsi dire créés par les milieux sociaux, les habitudes et les degrés de la culture de l'esprit.

Il est évident qu'une rente de 600 fr., qui peut suffire à un manoûvrier ou à une personne habituée à la vie sobre de la campagne, sera complètement insuffisante pour un artiste, un employé de commerce, ou tout autre individu habitant une grande ville, et vivant sur le pied de 3 ou 4,000 fr. de dépenses annuelles; d'ailleurs, ce principe de la proportionnalité est pratiqué dans le monde entier par les gouvernements et les grandes administrations qui fournissent des retraites à leurs serviteurs.

Il est logique, rationnel que chacun ait selon ses œuvres. Donc, il y aurait lieu d'opérer des retenues ou d'imposer chaque personne en raison de ce qu'elle produit, en fixant cependant un maximum, de manière que la spéculation n'y puisse trouver accès, et un minimum nécessaire pour que les retraités puissent vivre sans l'adjonction d'autres ressources.

Ces différents points établis, nous voudrions que la loi en préparation fût à peu près conçue dans les termes suivants :

CAISSE NATIONALE DES RETRAITES

ARTICLE PREMIER

Tous les Français des deux sexes, âgés de 60 ans au moins ou atteints d'infirmités les mettant dans l'impossibilité d'exercer une profession quelconque, auront droit à une pension de retraite qui ne pourra être moindre de 400 fr, ni excéder 2,000 fr.

Ceux qui seront nés infirmes ou devenus tels avant l'âge de 18 ans et qui, par suite ne pourront jamais faire aucun travail ou qui seront privés de ressources personnelles, auront droit à la retraite minimum quand ils auront 18 ans accomplis.

Nous fixons à 60 ans l'âge auquel on pourra obtenir le retraite, parce qu'il nous semble que jusque-là l'homme qui n'est frappé d'aucune infirmité, peut encore produire et apporter à la société sa part de forces et d'expérience.

Tous les physiologistes sont d'accord pour ne faire commencer la vieillesse de l'homme qu'à cet âge.

Notre intention n'est pas de faire des rentiers, mais simplement d'assurer l'existence matérielle de ceux qui ne pourront plus travailler,et ne pas créer des abus de la nature de celui-ci, que nous signalons en passant : un militaire, engagé à 17 ans, a droit à la retraite à 42 ans, après 25 ans de services ; sans infirmités et jeune encore, il peut recommencer une nouvelle carrière alors qu'il est considéré comme invalide, car le législateur n'a institué des retraites pour les serviteurs de l'Etat qu'avec la pensée de les mettre à l'abri de la misère quand la vieillesse ou les infirmités seulement les empêchent d'exercer leurs fonctions.

Nous avons indiqué un minimum de 400 f. parce que nous croyons que cette somme est strictement nécessaire à un individu, homme ou femme, vivant à la campagne ou dans une maison de retraites organisée ainsi que nous l'exposons plus loin.

D'un autre côté, pour obtenir cette pension

de 400 fr. (voir le tableau n° 7 du tarif de la Caisse nationale des retraites pour la vieillesse, année 1873), il est nécessaire que la moyenne du produit des années de travail ressorte à 557 fr. 34, ce qui nous paraît déjà un chiffre élevé en tant que moyenne.

Quant au maximum, ne voulant, ainsi que nous venons de le dire, faire autre chose que mettre à l'abri du besoin les personnes qui ne pourront plus travailler, nous avons pensé que, quel que soit le milieu dans lequel un individu aura vécu, la somme annuelle de 2000 fr. est suffisante pour ses besoins matériels. Ceux qui, par leur situation, pourront se constituer une pension plus considérable, auront toujours la faculté de se la procurer en dehors de la Caisse nationale. De hauts fonctionnaires des industriels, des employés supérieurs pourront également, leurs versements obligatoires accomplis, faire d'autres économies, les placer où bon leur semblera et augmenter de cette façon leurs ressources.

En ce qui concerne les infirmes indigents, qui sont aujourd'hui secourus par les hospices, nous trouverions rationnel que la Caisse des retraites les prît à sa charge, puisque celle-ci toucherait les revenus affectés aux établissements d'incurables.

ARTICLE II

Le capital nécessaire au service de chaque pension sera formé au moyen des primes fixées d'après les salaires, bénéfices ou revenus des individus, de versements volontaires; de tous les produits et revenus affectés aux hospices d'incurables, des dons, legs, dotations et subventions au profit de la Caisse nationale des retraites.

Dans aucun cas, les primes et les versements volontaires ne pourront dépasser les sommes calculées pour obtenir le maximum de la pension.

En disant que le capital de la Caisse nationale des retraites sera formé au moyen de primes imposées sur le gain, le revenu ou le produit de chacun, nous entendons : que l'ouvrier gagnant 3 fr. par jour ouvrable ou 75 fr. par mois, devra payer 2 fr. 25 mensuellement; qu'il y aura lieu de tenir compte, dans le gain des employés et domestiques qui seront logés, de la plus-value que ces conditions donneront au produit de leur travail ; ainsi, un commis, un ouvrier, un domestique qui gagneraient 50 fr. par mois, avec la nourriture et le logement, devraient, suivant la localité, être imposés sur un gain de 100 à 120 fr. par mois et payer, par conséquent, une prime mensuelle de 3 fr. à 3 fr. 60 ; que les personnes qui n'auraient aucun emploi, aucun état, qui ne feraient rien, celles qui seraient détenues, ou bien encore les femmes qui ne s'occuperaient que de l'intérieur de leur ménage, seraient taxées en raison de leurs dépenses personnelles, considérées comme la représentation de leur gain ; qu'un commerçant, un industriel qui déclarerait avoir gagné 5,000 fr. pendant l'année écoulée, devrait payer une prime de 12 fr. 50 par mois ; qu'un propriétaire ou rentier qui posséderait un revenu de 50,000 fr. aurait à payer une prime mensuelle de 125 fr., et ainsi de suite.

Les individus qui voudraient se libérer plus tôt ou pour lesquels la retenue obligatoire ne semblerait pas devoir produire une retraite suffisante pour leurs besoins, pourraient toujours effectuer des versements supplémentaires de manière à élever leur pension au maximum de 2.000 fr.

Une personne de 18 ans, aisée, qui voudrait de suite se libérer de cet impôt, aurait la faculté de verser en une fois la somme nécessaire à la constitution de la retraite maximum, calculée d'après les tables actuelles de la Caisse des retraites pour la vieillesse, soit 1320 fr. 40.

Nous réclamons les produits et revenus affectés aux hospices d'incurables, aux maisons de retraites et autres établissements du même genre parce qu'ils feraient double emploi et n'auraient plus leur raison d'être, la Caisse nationale des retraites devant installer des maisons de retraite ou réorganiser celles existantes d'après un nouveau système approprié à la situation de leurs pensionnaires.

Nous demandons également pour la Caisse nationale des retraites une dotation décroissante fournie par l'Etat pendant les 42 années de sa constitution de manière à l'aider à accomplir son évolution normale.

Quant aux dons, legs et subventions, la Caisse nationale. des retraites aurait, comme tous les autres établissements d'utilité publique, le droit d'en recevoir, et bien certainement ils ne lui feraient pas défaut.

ARTICLE III

Nul ne pouvant se soustraire à l'obligation de verser à la Caisse nationale des retraites, tous les sujets français ayant atteint l'âge de 18 ans seront tenus d'en faire la déclaration à la mairie du lieu de leur domicile; les pères, les mères ou tuteurs demeureront responsables de la non-exécution de cette formalité.

En obligeant tous les sujets français à verser à la Caisse des retraites, nous comprenons ne faire qu'une seule classe de retraites, c'est-à-dire que les fonctionnaires ou employés de l'Etat, civils ou militaires, seraient englobés dans cette caisse générale et traités absolument comme les autres citoyens de la nation.

Si on nous objecte que, le plus souvent, un fonctionnaire du Gouvernement ne consent à accepter une situation généralement médiocre, que parce qu'il a la certitude d'avoir, à la fin de sa carrière, une pension qui lui permettra de vivre encore convenablement, nous répondrons qu'avec la Caisse nationale, il aura les mêmes garanties puisqu'il pourra obtenir jusqu'à 2,000 fr. de retraite. Nous ne verrions guère que les fonctionnaires ou employés supérieurs qui pourraient se plaindre s'ils ne réfléchissaient pas qu'ils conserveraient toujours la faculté, pour élever leurs revenus, de placer, dans une compagnie d'assurances ou ailleurs, les fonds provenant de la différence qui existerait entre la retenue qu'on leur fait actuellement et la somme moindre qu'ils auraient à payer à la Caisse nationale des retraites.

Si nous rendons les pères, mères et tuteurs responsables de la déclaration que leurs enfants ou pupilles doivent faire à 18 ans accomplis, c'est parce que ces derniers sont encore mineurs et, par suite, irresponsables de leurs actes.

ARTICLE IV

Les primes à payer, fixées tous les ans, seront calculées à raison de 3 % du gain ou du revenu des individus, d'après leur déclaration qui sera contrôlée et modifiée, s'il y a lieu par une commission de répartiteurs instituée dans chaque commune.

Il sera procédé, pour le recouvrement des primes à payer, de même que pour les autres impôts, par toutes les voies de droit.

Tous les ans, dans la première quinzaine de décembre, chaque individu, remplissant les conditions d'âge déterminées plus haut, devra déclarer à la mairie de sa localité la somme produite par son travail, son commerce, son industrie ou ses revenus, pendant l'année, quelle que soit sa situation. Après cette déclaration, les commissaires répartiteurs de la commune fixeront la prime à payer à raison de 3 °/₀ sur le montant de la somme admise par eux à la suite de leur examen.

Les rôles des primes à payer devront être établis dans la première quinzaine de janvier et chaque intéressé avisé dans la même forme et de la même manière que pour les autres contributions.

Les receveurs et percepteurs des finances seraient chargés d'en opérer le recouvrement dans les mêmes conditions que les autres recettes auxquelles ils sont préposés.

Nous ne nous dissimulons pas qu'il y aurait certaines difficultés à imposer d'office des gens qui voudraient échapper à la loi. La perception surtout serait, vis-à-vis d'eux, assez difficile ; nous croyons cependant que le bon sens aurait bientôt raison des personnes réfractaires qui ne comprendraient pas de suite que l'argent qu'elles verseraient leur reviendrait considérablement augmenté et que, vu l'intérêt qu'il y aurait à s'exécuter, le mauvais vouloir disparaîtrait rapidement.

Les personnes, momentanément gênées. empêchées par la maladie ou autres causes, pourraient obtenir des dégrèvements.

Les recouvrements seraient pour les militaires de terre et de mer, opérés par leurs administrations respectives et transmis par elles directement à la Caisse nationale des retraites.

Les sommes à recouvrer pour les détenus le seraient par les soins de l'administration des prisons et transmises, par celle-ci, au percepteur de la localité où l'individu serait détenu.

ARTICLE V

Les sommes versées seront inscrites par le percepteur sur un livret devant rester aux mains de l'intéressé et transcrit sur un registre ad hoc.

Tous les ans, le relevé des versements opérés au compte de chaque individu, sera établi et envoyé au chef-lieu d'arrondissement du lieu de sa naissance, où son compte général sera tenu par le receveur particulier des finances, de façon que la liquidation de sa retraite puisse être faite dès qu'il y aura droit.

L'inscription des versements mentionnés sur un livret nous paraît de beaucoup préférable à la quittance détachée qui peut se perdre ou s'égarer plus facilement. Le livret a l'avantage de présenter de suite le compte de l'imposé et peut, en outre, lui tenir lieu de papier constatant son état civil.

En imaginant de faire établir le relevé des versements effectués pour chaque individu

et de le faire envoyer au chef-lieu de l'arrondissement où il est né, nous nous sommes
inspirés de ce que fait l'administration de la
justice. De cette façon, tous les Français
auraient, en même temps que leur casier judiciaire, leur compte de la Caisse nationale des
retraites.

ARTICLE VI

*A partir de cinq années après la promul-
gation de la présente loi et jusqu'à ce qu'elle
puisse avoir son plein effet, des pensions de
retraite seront fournies au fur et à mesure
que les individus atteindront l'âge de 60 ans,
dans la proportion des versements qu'ils
auront faits et en raison des ressources de la
Caisse nationale des retraites.*

Il est évident qu'il ne serait pas possible
d'attendre 42 ans encore les bienfaits d'une
pareille institution. Aussi pensons-nous qu'il
y aurait lieu de donner, à titre transitoire,
une pension proportionnelle aux versements
effectués par les intéressés.

Pendant les premières années plus particulièrement, les pensions sera:ent loin d'atteindre le minimum fixé par la loi; alors, dans ce cas, la Caisse, au moyen de sa dotation et de ses revenus, complèterait ce minimum pour les nécessiteux, dont le nombre irait toujours en diminuant et finirait par disparaître au bout de 37 ans.

ARTICLE VII

Un règlement d'administration publique déterminera le mode d'application de la présente loi.

La création d'une Caisse nationale de retraites, organisée comme nous l'indiquons, aurait, outre son but principal, l'avantage de modifier notre situation financière, car si tous les sujets âgés de 18 à 60 ans, dont le nombre peut être évalué en France à 20 millions, versaient, en moyenne, une somme annuelle de 20 francs chacun, l'Etat, recevant de ce chef 400 millions, n'aurait plus besoin de contracter des emprunts et pourrait rapidement éteindre sa dette publique en remboursant ses créanciers, ce qui aurait l'avantage de faire rentrer dans la circulation

24

des capitaux qui, pour être productifs, seraient forcés de revenir dans l'industrie, ce dont profiteraient tous les travailleurs.

Cette dernière forme d'assurance obligatoire vient terminer la série des moyens à l'aide desquels nous pensons que l'homme doit pouvoir s'affranchir de la misère.

Nous n'avons pas la prétention d'avoir trouvé la formule absolue de l'extinction du paupérisme, lequel ne peut disparaître d'une manière complète parce qu'il y aura toujours des misères vis-à-vis desquelles les hommes et la science seront impuissants ; mais nous sommes convaincu qu'on le réduirait à sa plus simple expression par l'application rigoureuse des trois principes fondamentaux qui forment la base du système que nous venons de développer.

APPENDICE

Caisses de retraites dans les Compagnies de chemins de fer

Les Compagnies de chemins de fer ont compris que, pour s'attacher un nombreux personnel offrant des garanties de moralité et de stabilité, elles devaient chercher une combinaison susceptible de procurer à leurs employés un avantage sur les carrières agricoles, industrielles ou commerciales auxquelles ils sont généralement destinés. La pension de retraite est l'attrait qu'elles ont trouvé pour leurs agents qui, en échange de la certitude qu'on leur donne de ne pas mourir de faim quand ils seront vieux et incapables de travailler, apportent leur activité, leur intelligence et leur dévouement.

Différents modes sont adoptés par les compagnies pour constituer les pensions de retraite de leurs employés.

Nous allons examiner sur quelques bases

les plus importantes de ces compagnies ont établi leur Caisse de retraites.

Compagnie du Nord

Une retenue de 3 °/o, *obligatoire* pour les employés commissionnés, facultative pour les employés à la journée, est effectuée tous les mois sur les traitements et salaires. Le montant de cette retenue qui *appartient en propre* à l'agent qui l'a subie, est versé tous les trois mois, à son compte personnel, à la Caisse des retraites pour la viellesse, pour lui constituer une pension viagère à partir de l'âge de 50 ans.

. Les versements sont effectués soit à capital aliéné, soit à capital réservé, au choix de l'agent, conformément aux règlements de la Caisse des retraites pour la vieillesse.

La comptabilité du service des retenues est centralisée au siège de la compagnie. Chaque employé y a un compte ouvert sur lequel sont mentionnés :

1o Le numéro du livret;

2o Les déclarations et conditions portées audit livret ;

3° Le montant des versements effectués sur son compte ;

4° Le chiffre des liquidations correspondantes.

Tous les ans, il est remis à chaque employé un bulletin mentionnant le montant des sommes versées à son compte à la Caisse des retraites pour la vieillesse, par suite des retenues opérées, avec indication de la rente viagère à laquelle les sommes donnent droit.

Les livrets de la Caisse des retraites pour la vieillesse ne sont remis aux titulaires, sur récépissé, qu'à l'époque de la liquidation de la pension, ou bien en cas de démission ou de révocation.

En cas de décès du titulaire d'un livret, ce livret est remis, sur récépissé, à sa femme ou à ses héritiers, pour faire valoir leurs droits.

Les retenues mensuelles faites sur les appointements ou salaires d'agents qui quittent le service de la Compagnie dans le courant d'un trimestre, leur sont restituées sans intérêts et sur récépissé, au moment de leur départ si elles ne sont retenues pour d'autres causes.

La Compagnie, de son côté, assure aux

agents qui auront été soumis à la retenue de 3 %, des pensions viagères indépendantes de celles qui auront été constituées à la Caisse des retraites pour la vieillesse par le versement des retenues.

Les pensions accordées par la Compagnie sont établies sur les bases suivantes :

1° Pour le personnel commissionné, la pension est de un quatre-vingtième du traitement moyen des six dernières années pour chaque année de service accomplie sans interruption ;

2° Pour les ouvriers à la journée qui seront soumis à la retenue de 3 %, la pension est égale à la rente acquise à la Caisse des retraites pour la vieillesse au moyen de cette retenue.

En aucun cas, la pension accordée n'est inférieure à 100 fr. de rente viagère.

Les pensions accordées par la Compagnie sont, de condition expresse, en raison de leur caractère alimentaire, incessibles et insaisissables.

Aucune pension n'est accordée qu'autant que l'intéressé a été préalablement admis par la Compagnie à faire valoir ses droits à la retraite.

Pour être admis à faire valoir leurs droits à la retraite, les agents doivent remplir les conditions ci-après :

1° Avoir atteint l'âge de 50 ans ;

2° Compter :

25 ans de service, au moins, en qualité d'employé du service sédentaire ;

20 ans de service, au moins, en qualité d'employé du service actif.

Les pensions des employés du service actif admis à la retraite après 20 ans, mais avant 25 ans de service, sont liquidées sur le pied de 25 années de service.

Sont admis à faire valoir leurs droits à la retraite par anticipation, les agents qui ont reçu en service des blessures graves ou qui ont contracté des infirmités prématurées entraînant incapacité absolue de travail. Pour ces agents, les pensions à liquider sont réglées conformément aux bases indiquées pour les retraites, en proportion du temps de service effectif.

La pension de retraite à la charge de la

Compagnie est reversible pour un tiers sur la tête de la veuve de l'agent.

En cas de décès d'un agent en activité de service, ayant rempli les conditions exigées pour obtenir une pension, la Compagnie accorde à la veuve le tiers de la pension qui aurait été acquise au mari.

La veuve n'a droit à la pension que si le mariage a eu lieu six années au moins avant la cessation de ses fonctions.

Le droit à la pension n'existe pas pour la veuve dans le cas de séparation de corps prononcée sur la demande du mari.

Compagnie d'Orléans

Cette Compagnie procède tout différemment de celles du Nord et des autres lignes, pour la constitution des retraites de ses agents. Elle n'opère pas de retenues sur les appointements et leur abandonne le dixième de ses bénéfices.

Cette part de bénéfices s'est élevée pour l'exercice 1870 à 1.005.770 fr. 15 et a été versée à la Caisse des retraites de la Compagnie.

La répartition de cette somme est faite aux

employés de l'Administration en raison de leurs appointements.

Dans aucun cas, la pension de retraite ne peut excéder 1500 fr., quel que soit le traitement de l'agent.

Si le retraité continue à être employé par la Compagnie après la liquidation de sa pension, la part qui lui est afférente sur les 10 % que la Compagnie affecte à ses agents, tous les ans, est versée pour son compte à la Caisse d'épargne et mise à sa disposition.

Compagnie de l'Ouest

La Caisse des retraites de cette Compagnie qui ressemble beaucoup à celle du Nord, a été instituée le 1er janvier 1850 ; elle était alimentée au moyen d'une retenue de 3 % sur les appointements et d'un versement égal par la Compagnie.

La retraite variait alors de 250 à 600 fr., maximum, et, pour en jouir, il fallait avoir au moins 60 ans d'âge ou 30 ans de service. Le capital qui servait à la constitution de la pension était aliéné ou réservé, suivant la volonté de l'intéressé.

25

A partir de juillet 1868, le réglement de cette Caisse de retraites a été modifié comme suit :

Retenue de 6 % pour les anciens agents ; 4 % pour les nouveaux ;

Retraite de la moitié des appointements des cinq dernières années à 60 ans d'âge et 30 ans de service.

En 1876, la retenue supplémentaire des anciens agents a été supprimée.

A partir de 1879, la retraite est acquise à l'âge de 55 ans et 25 ans de service ; elle peut être obtenue à 50 ans avec une réduction proportionnelle.

La moitié de la retraite est reversible sur la veuve ou les orphelins âgés de moins de 18 ans.

Le nombre des agents participant à la Caisse des retraites, au 31 décembre, était de 15.115.

La moyenne des pensions par agent était de 990 fr. dont 680 fr. servis par la Caisse des retraites de la Compagnie et 310 fr. servis par la Caisse des retraites pour la vieillesse.

La moyenne pour les veuves était de 361 fr.

dont 253 fr. servis par la Caisse des retraites de la Compagnie et 108 fr. servis par la Caisse des retraites pour la vieillesse. La moyenne des pensions liquidées en faveur des orphelins était de 143 fr.

Chemin de fer de ceinture de Paris

Tout employé commissionné est soumis à une retenue obligatoire de 4 % sur son traitement fixe.

Peuvent être assimilés aux employés commissionnés, les agents qui auront été occupés sans interruption pendant 4 ans au moins et qui en feront la demande.

Les retenues faites appartiennent en propre aux employés qui les ont supportées.

Les retenues portent exclusivement sur les traitements fixes; elles ne sont, dans aucun cas, exercées sur les allocations accessoires ou éventuelles, telles qu'indemnités de déplacement ou de logement, gratifications, etc.

Le montant des retenues est versé chaque trimestre, par les soins du syndicat de la Compagnie, au compte des employés qui les ont subies, à la Caisse des retraites pour la vieillesse, à l'effet de constituer une pension-viagère à ceux pour qui ces versements sont opérés.

Les versements sont effectués soit à capital aliéné, soit à capital réservé, au choix de l'employé.

Les versements faits à la Caisse des retraites pour la vieillesse, au compte d'une même personne, ne pouvant dépasser le capital nécessaire à la constitution d'une rente viagère de 1200 fr. lorsque cette Caisse, par suite de son règlement, ne pourra pas recevoir les versements d'un employé, le syndicat les déposera dans une Compagnie d'assurances qu'il choisira à cet effet.

Tous les ans, il est remis à chaque employé un bulletin mentionnant le montant des sommes versées, à son compte, à la Caisse des retraites pour la vieillesse.

Les livrets de la Caisse des retraites pour la vieillesse sont remis aux titulaires à l'époque de la liquidation de leur pension, ou à la suite de démission ou révocation.

En cas de décès d'un retraité, son livret est remis à sa veuve ou à ses ayants-droit.

Le syndicat de la Compagnie verse chaqu
année, à la Caisse des retraites pour la vieillesse, 9 % du traitement fixe des employés qu
ont subi la retenue de 4 %.

Les versements opérés par le syndica
deviennent la propriété des employés au nom
desquels ils sont faits.

Ils sont placés à capital réservé ou aliéné
suivant que les titulaires l'ont stipulé.

Le droit à la liquidation de la pension d
retraite s'acquiert par 25 ans de service e
55 ans d'âge.

Le syndicat se réserve de liquider d'offic
et par anticipation la situation de tout employ
âgé de plus de 50 ans et ayant moins de 15 an
de service. Le syndicat est juge des causes qu
motivent cette liquidation anticipée.

Le syndicat accorde aux employés qu
l'âge ou les infirmités empêchent de continue
leurs fonctions :

1o Après quinze années de service, a
moins, une allocation en capital égale à l
somme déterminée par le nombre d'anné
pendant lequel ils sont restés en fonction
multiplié par le montant d'un mois et den

du traitement moyen de leurs six dernières années ;

2° Après dix années de service au moins, une allocation en capital, égale à la moitié de la somme déterminée par le nombre d'années, pendant lequel ils sont restés en fonctions, multiplié par le montant d'un mois et demi du traitement moyen de leurs six dernières années.

En cas de mort d'un employé, moitié de l'une ou de l'autre de ces allocations, suivant le cas, est payée à sa veuve et, à son défaut, à ses enfants âgés de moins de 18 ans.

Afin de pouvoir profiter des résultats de l'expérience, le syndicat s'est réservé le pouvoir de reviser le taux de la retenue et de modifier les dispositions du règlement de sa Caisse des retraites.

Dans aucun cas, les modifications apportées ne pourront avoir d'effet rétroactif à l'égard des droits acquis.

En résumé, les Compagnies de chemins de fer fournissent généralement des retraites à leurs employés au moyen d'une retenue sur le salaire et d'une subvention qu'elles allouent en supplément. Ce système, qui offre des avantages dans de grandes administrations où il est possible de se faire une carrière, serait d'une application difficile sinon impossible, pour les employés et ouvriers de l'industrie et de l'agriculture, en raison de leur mobilité.

Un seul enseignement se dégage des exemples que nous venons de citer : c'est l'obligation de verser, imposée aux divers agents des Compagnies de chemins de fer.

Sans l'obligation, en effet, on n'obtiendra que des cas de prévoyance isolés et relativement fort rares ; tandis qu'avec le versement obligatoire, auquel l'employé d'administration se prête facilement et qu'il recherche même le plus souvent comme une garantie contre sa propre faiblesse, les résultats seront excellents.

Transformation de l'Assistance publiqu

A L'AIDE DES INSTITUTIONS NOUVELLES

L'Assistance publique qui dépense, e
France, environ 140 millions de fran
annuellement, et la charité privée, qui distr
bue une somme à peu près égale, devront s
transformer, changer de direction et final
ment disparaître au moyen de réformes soci
les en train de s'accomplir.

Les Associations de secours mutuels o
déjà beaucoup allégé l'Assistance publique e
continueront de jour en jour à l'exonére
davantage de quelques-unes de ses charge
notamment du service de santé ; et, dans u
temps qui n'est pas éloigné de nous, espéron
le, la charité publique et privée ne s'exercer
plus guère que sur des infortunés frappés e
dehors de toute prévoyance, et, par suite
dans une proportion très restreinte. C'es
pourquoi nous demandons, dès maintenant
qu'une partie des revenus des hospices soi

26

affectée à la Caisse nationale des retraites projetée ou à la Caisse des retraites pour la vieillesse existante.

Nos établissements hospitaliers, dont le nombre dépasse 1300, nous paraissent coûter fort cher d'entretien et ne pas donner tout ce qu'il serait possible d'obtenir pour la même dépense, avec une autre organisation.

Pourquoi ne pas appliquer la loi du 16 messidor an VII, qui ordonne d'introduire dans les hospices les travaux convenables à l'âge et à l'infirmité de ceux qui y sont entretenus ? A l'aide de ce moyen, on pourrait, en confiant diverses fonctions administratives aux pensionnaires, obtenir une très sensible diminution de frais et procurer, en même temps, un peu plus de bien-être à ceux qui pourraient encore rendre quelques services.

Les hospices d'incurables et maisons de retraite surtout, nous semblent susceptibles de réformes importantes. La répugnance qu'éprouvent les vieillards à y entrer vient de diverses causes qu'il faut faire disparaître : d'abord, la chambre commune ou dortoir, ensuite la subordination absolue aux agents de l'administration, deux choses qui blessent, l'une ce sentiment si délicat de la pudeur qui est mal à l'aise dans une salle où tous les faits et gestes sont observés par des voisins, l'autre la dignité individuelle qui est aux prises avec tous les gens de service, heureux souvent d'abuser d'une autorité qu'ils ne possèdent pas légalement.

Frappé de ces inconvénients, nous avons cherché les moyens d'y remédier, et nous croyons qu'on y parviendrait en organisant les maisons de retraite de la manière suivante:

Maisons de retraites pour la Vieillesse

Installation

Chaque établissement devrait être installé à la campagne, autant que possible, et à proximité d'une ligne de chemin de fer.

L'ensemble des bâtiments figurerait une sorte de parallélogramme composé de petites maisons avec jardin, pouvant servir à loger au moins deux ménages, disposées par rues et construites dans le genre de celles qui figuraient à l'Exposition universelle de 1867.

Au centre, on construirait un bâtiment assez considérable pour contenir les bureaux de l'administration, la bibliothèque, une salle de travail, des magasins, des cuisines, des réfectoires et des dortoirs disposés d'une façon particulière, c'est-à-dire divisés par des cloisons mobiles séparatives, hautes de deux mètres seulement, de manière que l'aération s'effectue convenablement et que chaque pensionnaire puisse être isolé dans son compartiment qui contiendrait un lit, une commode-toilette, une petite table, une chaise et un fauteuil.

Dans le cas où des pensionnaires ne voudraient pas être entièrement seuls et habiter à deux, par exemple, on n'aurait qu'à enlever une des cloisons séparatives pour obtenir une chambre à deux lits, et leur donner satisfaction.

Conditions d'admission

Pour être admis dans l'établissement à titre de pensionnaire, il faudrait être âgé de 60 ans au moins, hommes comme femmes ; justifier d'une bonne moralité et garantir un versement annuel de Fr...

Les pensionnaires seraient divisés en deux sections: la première, dite section des ménages, comprendrait les pensionnaires mariés qui habiteraient les petites maisons; la deuxième, dite section des solitaires, comprendrait les pensionnaires veufs ou célibataires.

Pour être placé dans la section des ménages, il faudrait payer annuellement, pour l'homme et la femme, une somme de Fr...., être marié et ne pas avoir d'enfants avec soi.

Au décès de l'un ou de l'autre des deux époux, le survivant passerait de droit dans la section des solitaires et ne paierait plus que la pension afférente à cette catégorie.

Seraient placés dans la section des solitaires tous les vieillards veufs ou célibataires remplissant les conditions d'admission indiquées ci-dessus.

Administration

L'établissement serait alimenté par la Caisse nationale des retraites qui pourvoirait au recrutement des pensionnaires, aux frais d'installation et aux dépenses extraordinaires nécessitées par les circonstances.

L'administration intérieure serait confiée à un conseil d'administration qui serait pris parmi les pensionnaires de l'établissement et nommé par eux à l'élection.

Le conseil serait renouvelable par tiers, d'année en année; il nommerait son bureau à chaque renouvellement.

Tous les fonctionnaires de l'établissement, tels que: directeur, économe, etc., devraient, autant que possible, être choisis parmi les pensionnaires, afin de ne pas grever le budget de trop fortes dépenses et pour donner en même temps à quelques-uns d'entre eux des positions agréables qui seraient plutôt honorifiques que lucratives par suite des faibles traitements qui y seraient attachés.

Ce divers fonctionnaires seraient nommés par le conseil d'administration et révocables par lui.

L'administration supérieure de la Caisse nationale des retraites aurait toujours le droit d'exercer son contrôle et son autorité sur ces établissements, dans l'intérêt de leur bonne marche.

FIN

TABLE DES MATIÈRES

www.ingramcontent.com/pod-product-compliance
Ingram Content Group UK Ltd.
Pitfield, Milton Keynes, MK11 3LW, UK
UKHW020155130726
13696UKWH00002B/521